# Future maman

## Cuisine saine, recettes plaisir pour tous les jours

**Dans la même collection**

*À table les ados*, par Ghislaine Ramalli et Véronique Liégeois.

*À table les bébés*, par Véronique De Meyer et Véronique Liégeois.

*À table les enfants*, par Aglaé Blin et Véronique Liégeois.

Laura Cariel et Véronique Liégeois
Photographies de Alain Caste

# Future maman

## Cuisine saine, recettes plaisir pour tous les jours

Flammarion

# SOMMAIRE

## LE PLEIN DE FER ET DE MAGNÉSIUM

01

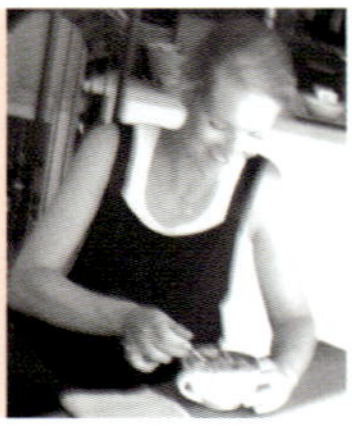



## LÉGÈRES, LES CALORIES !

02

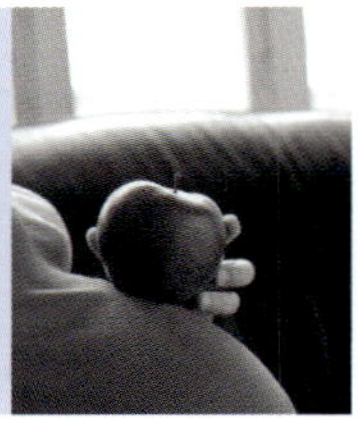

## MOINS DE SEL, LA SAVEUR EN PLUS

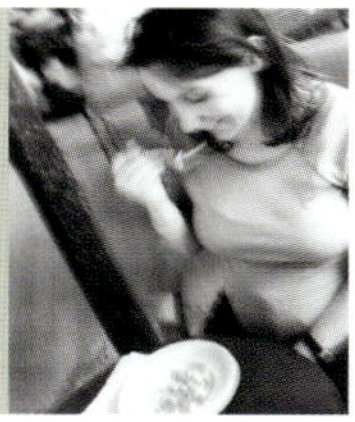

03



## DIGESTION FACILE

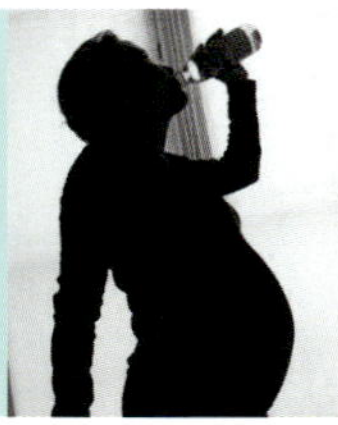

04



## COLLATIONS, BRUNCHS AND CO

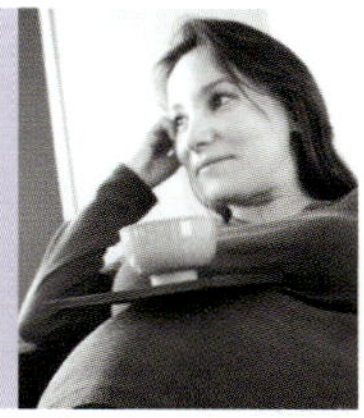

05

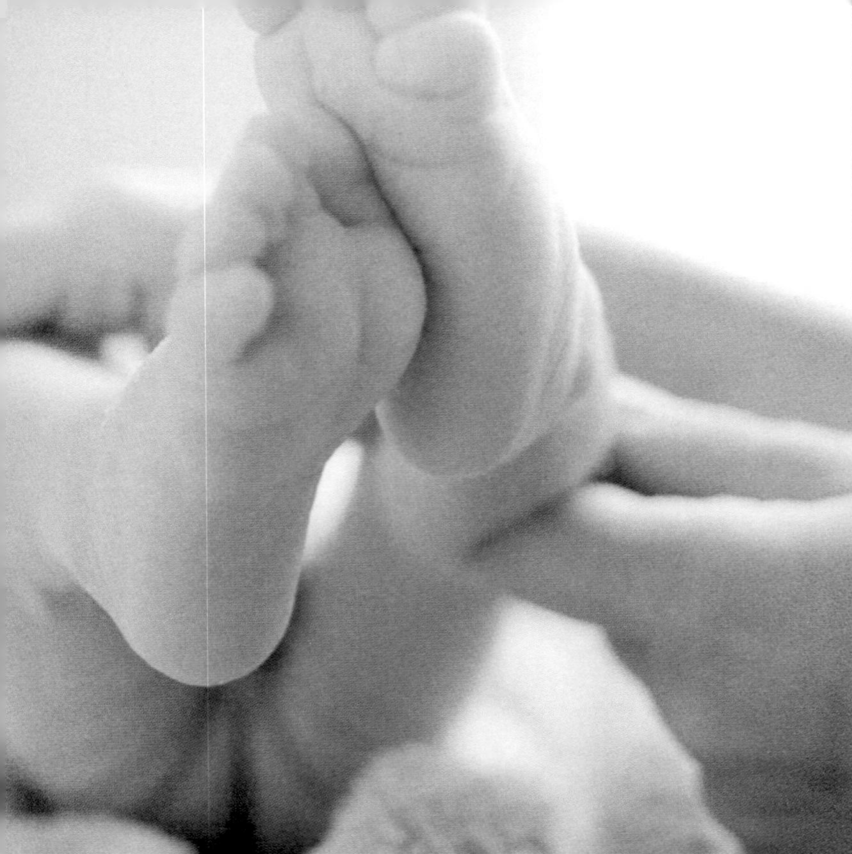
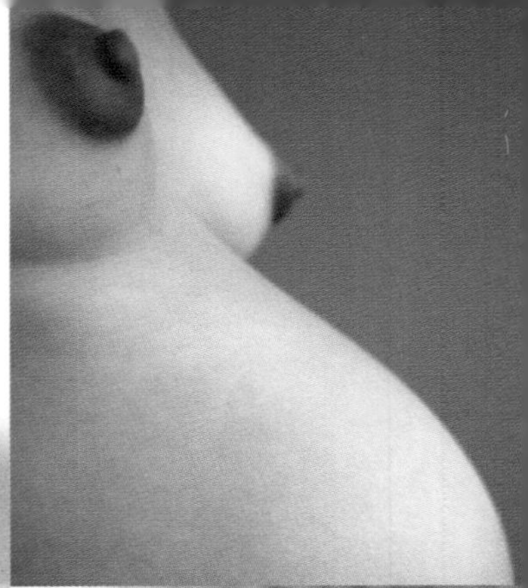
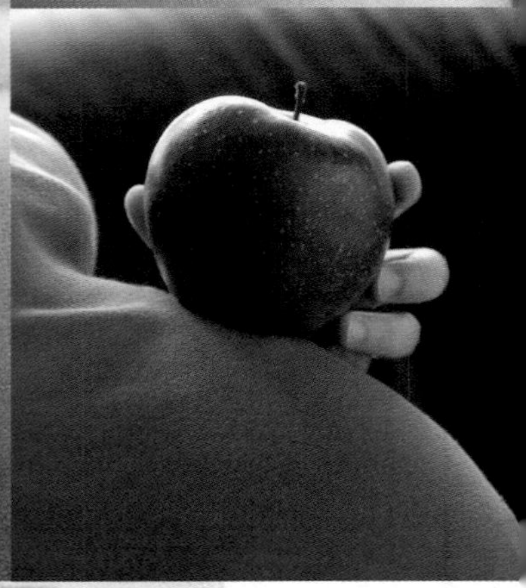
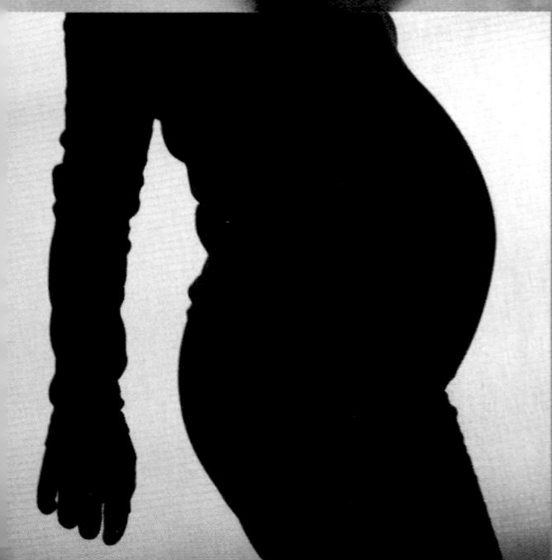
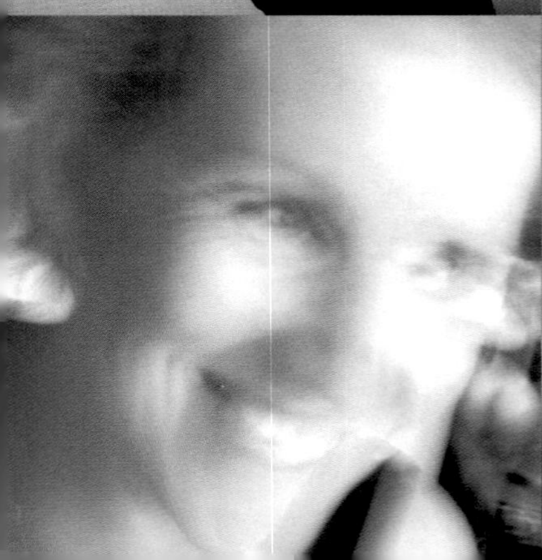
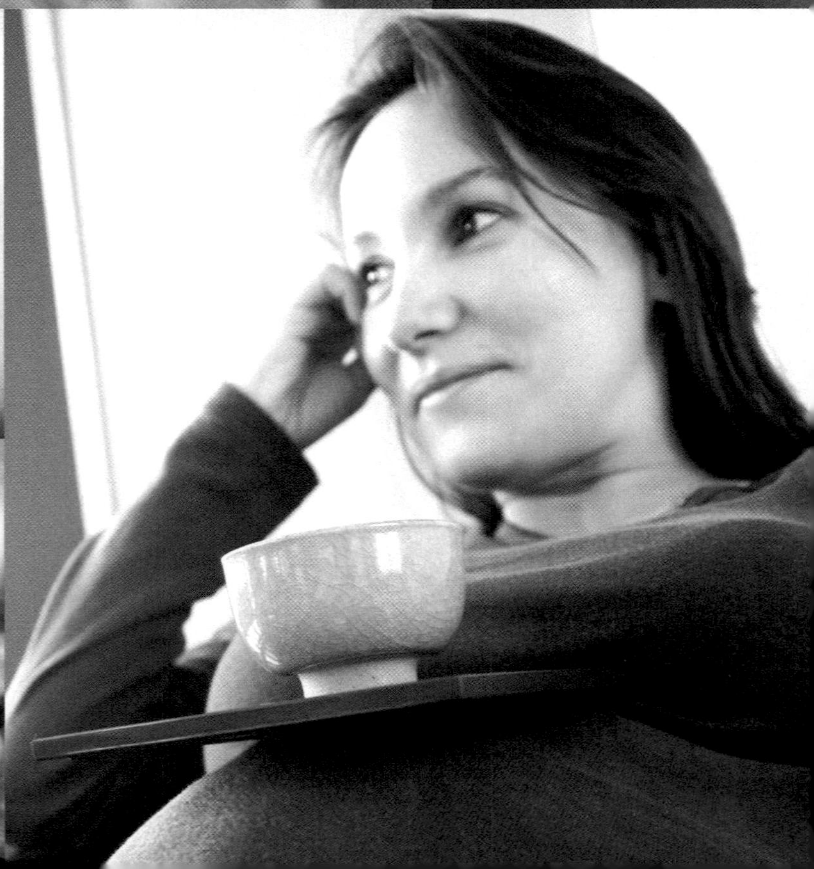

# VOS BESOINS CHANGENT... VOS ENVIES AUSSI !

Les besoins en énergie (ou calories) n'augmentent que très peu pendant la grossesse : environ 150 kcal de plus par jour aux premier et deuxième trimestres... Ce qui représente seulement un yaourt nature et un petit fruit en plus de votre ration habituelle !

Le bébé se développe davantage en fin de grossesse : ajoutez encore 200 à 300 kcal au troisième trimestre (une portion de pain et de fromage, par exemple). Mangez donc pour deux, mais pas comme deux !

Parmi les sources de glucides, il est préférable de privilégier les pâtes, le pain et autres féculents, ainsi que les fruits. Les boissons sucrées, les bonbons et autres sucreries apportent du sucre rapidement assimilé, mais trop peu de vitamines et minéraux indispensables au développement du bébé : ils sont donc à consommer avec modération.

Les besoins en protéines, nécessaires à la synthèse de toutes les cellules du bébé, mais aussi au développement de l'utérus et du placenta, sont légèrement augmentés. En consommant deux portions de viande ou de poisson chaque jour et trois à quatre produits laitiers, on couvre les besoins facilement.

Certains lipides ou graisses contiennent des acides gras essentiels, indispensables au développement du système nerveux du bébé. Ils sont surtout présents dans les huiles, qu'il faut varier au maximum : tournesol, colza, pépins de raisins, olive... Il est indispensable d'en consommer environ 2 à 3 cuillerées à soupe chaque jour.

L'eau reste la seule boisson indispensable à votre santé et à celle du bébé. Il est conseillé d'augmenter les apports (1,5 à 2 litres chaque jour), afin de prévenir les infections urinaires et la constipation.

## PARMI LES MINÉRAUX À SURVEILLER

- Le calcium (indispensable à la constitution du squelette) est présent dans les laitages, les fruits, les légumes, les légumineuses et l'eau.

- Le fer, que l'on trouve dans la viande rouge, les abats et secondairement les fruits et légumes, permet la synthèse des globules rouges et participe au fonctionnement des défenses immunitaires.

- Le magnésium est un relaxant musculaire naturel, qui intervient également dans la qualité du sommeil. On le trouve dans les céréales complètes, les fruits et légumes, les oléagineux, les légumineuses et dans certaines eaux minérales.

Pratiquement tous les apports en minéraux et oligo-éléments doivent être accrus pendant la grossesse ; mais une alimentation équilibrée et variée répond parfaitement à ces exigences spécifiques.

Les besoins en vitamines sont également couverts par l'alimentation dans la plupart des cas. À surveiller particulièrement : la vitamine B9 (ou acide folique) dont une carence peut entraîner des malformations fœtales. On la trouve surtout dans les légumes à feuilles (salades, épinards...) et dans les fruits.

Les vitamines A et D (nécessaires à la croissance du bébé) sont présentes dans les produits laitiers non écrémés et dans les poissons gras. Attention aux produits allégés (yaourt, lait, beurre) qui en contiennent beaucoup moins : ils n'ont pas d'intérêt pendant la grossesse.

Les fibres sont indispensables au bon fonctionnement du transit, souvent perturbé pendant la grossesse. Optez pour les céréales complètes, les légumineuses, les fruits et les légumes crus et cuits, qui en sont de bonnes sources.

# COMMENT ADAPTER LES MENUS?

## LES ALIMENTS À PRIVILÉGIER

Bien manger pendant la grossesse n'est pas compliqué : il suffit d'acquérir quelques réflexes simples qui permettent de favoriser certains aliments au détriment d'autres, moins indispensables !

Privilégiez surtout les aliments simples, plus riches en micronutriments vitaux :

- les viandes rouges et blanches, le poisson, les œufs que vous cuisinerez vous-même ; 2 portions moyennes par jour ;

- les laitages nature (non écrémés) avec un peu de sucre ou de miel, les fromages à pâte dure, éventuellement les produits issus du soja ; 3 à 4 portions par jour ;

- les fruits et légumes frais (en crudités) ou surgelés (pour les préparations cuites) ; 5 à 8 portions par jour ;

- le pain aux céréales ou complet, les féculents (pâtes, riz...), les lentilles, les haricots... 3 portions de pain et 1 à 2 portions de féculents ou de légumineuses par jour ;

- les huiles végétales (2 à 3 cuillerées par jour) et le beurre cru (une noisette).

Consommez plus rarement les aliments gras et sucrés, riches en calories (mais souvent pauvres en vitamines et minéraux) :

- la charcuterie, les saucisses, les poissons panés, les nuggets ;

- les desserts lactés trop sucrés (crèmes, glaces, entremets...) ;

- les préparations de légumes ou de féculents trop grasses (beignets de légumes, chips...) ;

- les viennoiseries, les gâteaux, les biscuits apéritifs ;

- les bonbons, les boissons sucrées.

## SAVOIR FAIRE SES COURSES

Une bonne organisation est un pilier de l'équilibre alimentaire ! Sans faire vos menus précisément, à l'avance, pensez un peu à ce que vous mangerez cette semaine plutôt que de remplir votre chariot à l'aveuglette !

## LA BONNE BASE

- des légumes frais de saison vite préparés (carotte, tomate, salade, courgette, avocat, pomélo, melon...) et deux variétés de fruits (agrumes et kiwi, pomme, poire...) qui se conserveront sans problème pendant la semaine ;

- des laitages nature (yaourt, fromage blanc...), du fromage en portions individuelles, pratiques pour les en-cas ;

- quelques boîtes de lentilles, pois chiches, thon, tomates pelées, petits pois, mini-asperges, ratatouille, soupe en brique... pour les jours où vous êtes fatiguée ;

- de la viande et du poisson à conserver éventuellement au congélateur et à avoir toujours sous la main ;

- des pâtes et du riz à cuisson rapide : très pratiques quand on est vraiment affamée !

- une pizza surgelée toute simple (plutôt que des friands ou feuilletés, plus gras), en dépannage.

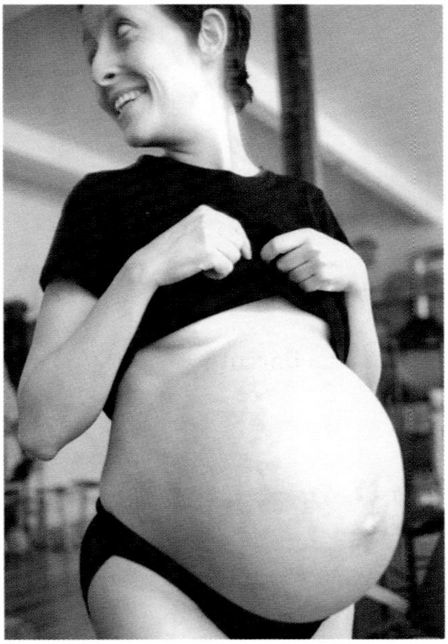

## LES PETITS TRACAS : NAUSÉES, CONSTIPATION...

Les nausées sont liées à l'afflux massif d'hormones dans l'organisme : elles disparaissent en général vers le troisième mois, quand le taux d'hormones se stabilise. En attendant, consommez les aliments qui vous font envie, en veillant à les diversifier suffisamment. Fractionnez les repas pour ne pas alourdir la digestion et évitez les plats trop gras, acides, ou même très sucrés.

La constipation apparaît en milieu de grossesse, lorsque le volume de l'utérus comprime le côlon. Pour limiter son importance, pensez à boire suffisamment (si possible une eau riche en magnésium), consommez davantage de céréales complètes ou au son, de fruits, de légumes et utilisez l'huile d'olive pour les assaisonnements. Une activité physique modérée favorise également le bon fonctionnement du transit (marche, natation...).

# AUX PREMIER ET DEUXIÈME TRIMESTRES : VARIÉTÉ ET ÉQUILIBRE !

## PETIT DÉJEUNER

THÉ LÉGER

3 TRANCHES DE PAIN COMPLET + BEURRE, CONFITURE

1 YAOURT

1 KIWI

## DÉJEUNER

CAROTTES RÂPÉES AUX NOISETTES, HUILE DE COLZA

FILET DE TRUITE EN PAPILLOTE, CITRON

RIZ COMPLET, BEURRE ET PERSIL

COMTÉ

2 CLÉMENTINES

PAIN

## DÎNER

POTAGE AU CRESSON

OMELETTE AU PARMESAN

SALADE DE MÂCHE, HUILE DE MAÏS

PETIT-SUISSE AU MIEL

RAISIN

PAIN

# AU TROISIÈME TRIMESTRE : DES CALORIES EN PLUS, GRÂCE AU GOÛTER !

## PETIT DÉJEUNER

BOL DE LAIT CHOCOLATÉ

4 À 5 TRANCHES DE PAIN + BEURRE, CONFITURE

COMPOTE

JUS D'ORANGE

## DÉJEUNER

SALADE D'ENDIVES ET POMME, HUILE DE SOJA

RÔTI DE BŒUF

BROCOLIS ET POMMES DE TERRE VAPEUR, HUILE D'OLIVE ET BASILIC

SAINT-NECTAIRE

POIRE

## GOÛTER

PAIN AU PAVOT, FROMAGE DE BREBIS

## DÎNER

POIREAUX VINAIGRETTE, HUILE DE SÉSAME

POÊLÉE DE LÉGUMES ET PÂTES AU JAMBON

FROMAGE BLANC À LA CASSONADE

ANANAS FRAIS

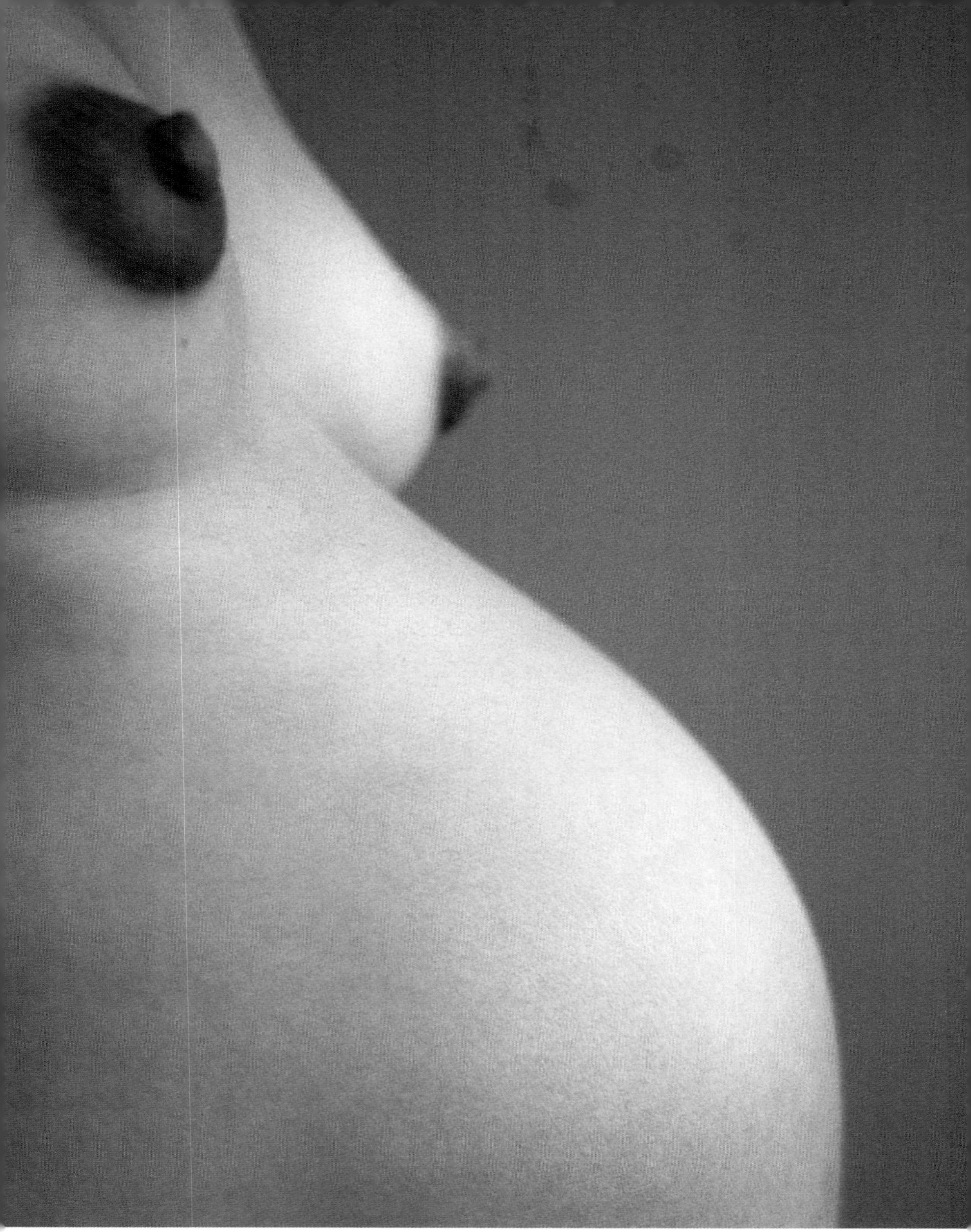

# ADIEU LES IDÉES REÇUES

## MINCE OU RONDE, IL FAUT PRENDRE ENVIRON 10 KILOS PENDANT LA GROSSESSE

**Faux.** Une femme très mince ou maigre peut prendre 12 à 14 kilos sans problème. Cette prise de poids est finalement le « rattrapage » d'un poids normal. Après la grossesse, la plupart des femmes minces retrouvent spontanément leur poids habituel. Dans le cas contraire, il faudra rééquilibrer l'alimentation afin de perdre les kilos superflus dans l'année.

Pour les femmes rondes ou fortes, la prise de poids pendant la grossesse peut, au contraire, être plus modérée (7 à 9 kilos), afin de ne pas majorer le surpoids et les risques qui lui sont liés (diabète, hypertension gravidique...).

## PENDANT LA GROSSESSE, IL FAUT MANGER SANS SEL

**Faux.** Les régimes sans sel très stricts ne sont plus d'actualité : une alimentation fade et restrictive n'a aucun intérêt pour la femme enceinte. En revanche, on conseille de saler modérément pour limiter la rétention d'eau, éviter les œdèmes et favoriser l'équilibre de la tension. Il est également important de boire abondamment pour augmenter l'élimination rénale.

## LE GOÛTER EST INDISPENSABLE PENDANT LA GROSSESSE

**Faux.** Faire un goûter peut être intéressant pour fractionner les repas et diminuer les volumes, ce qui facilite la digestion. Mais ce n'est pas obligatoire. Le goûter peut d'ailleurs être remplacé utilement par une collation dans la matinée, surtout pour les femmes qui prennent leur petit déjeuner très tôt ou déjeunent tard. Dans tous les cas, profitez de ces mini-repas, nécessaires surtout en fin de grossesse, pour faire le plein de nutriments indispensables : fruits frais, laitage, pain, boisson, plutôt que biscuits ou sucreries.

## MANGER DE LA VIANDE N'EST PAS OBLIGATOIRE

**Faux.** Il est difficile de couvrir les besoins en fer, très élevés pendant la grossesse, sans consommer de viande.

Si vous souffrez d'un dégoût passager pour la viande, remplacez-la par du poisson, des crustacés et des œufs. Consommez régulièrement des légumes secs et des céréales complètes, ainsi que des fruits secs (fruits séchés et oléagineux).

Les végétariennes continueront à équilibrer leur alimentation selon leurs habitudes, mais en enrichissant si possible avec des compléments alimentaires (en demandant conseil à un médecin ou à un diététicien).

## SAUTER UN REPAS N'EST PAS GÊNANT, IL SUFFIT DE COMPENSER AU REPAS SUIVANT

**Faux.** Pendant la grossesse, la régulation de la glycémie (taux de sucre dans le sang) se fait plus difficilement que d'habitude. En sautant un repas, vous risquez d'être très fatiguée, puis d'avoir une fringale un peu plus tard... Et donc de grignoter des aliments caloriques mais peu équilibrés (sucreries, cacahuètes...).

De plus, pour éviter une prise de poids trop importante, il est essentiel de privilégier le petit déjeuner et le déjeuner, mais d'alléger le dîner. Un déjeuner escamoté ne se rattrape donc pas au dîner !

## SEULS LES PRODUITS LAITIERS APPORTENT DU CALCIUM

**Faux.** Les besoins en calcium, très élevés chez la femme enceinte, vont être couverts en partie par les produits laitiers (lait, fromage, yaourt...) mais également par les végétaux (fruits, légumes, oléagineux...) et par l'eau de boisson. Cela montre bien l'importance d'une alimentation diversifiée où chaque groupe d'aliment a sa place.

Les femmes qui mangent très peu de produits laitiers, pour des raisons de goût ou d'intolérance, doivent consommer les végétaux les plus riches en calcium (légumes à feuilles, agrumes, haricots verts, noix, amandes...) et des eaux à forte teneur en calcium. Les « yaourts » à base de soja sont aujourd'hui enrichis en calcium et peuvent donc participer à la couverture des besoins.

## PENDANT LA GROSSESSE, IL FAUT RÉDUIRE LES MATIÈRES GRASSES

**Faux.** Les matières grasses d'assaisonnement contiennent des nutriments indispensables au développement du bébé.

Il est donc important de ne pas les réduire et de les varier, car elles sont toutes différentes :

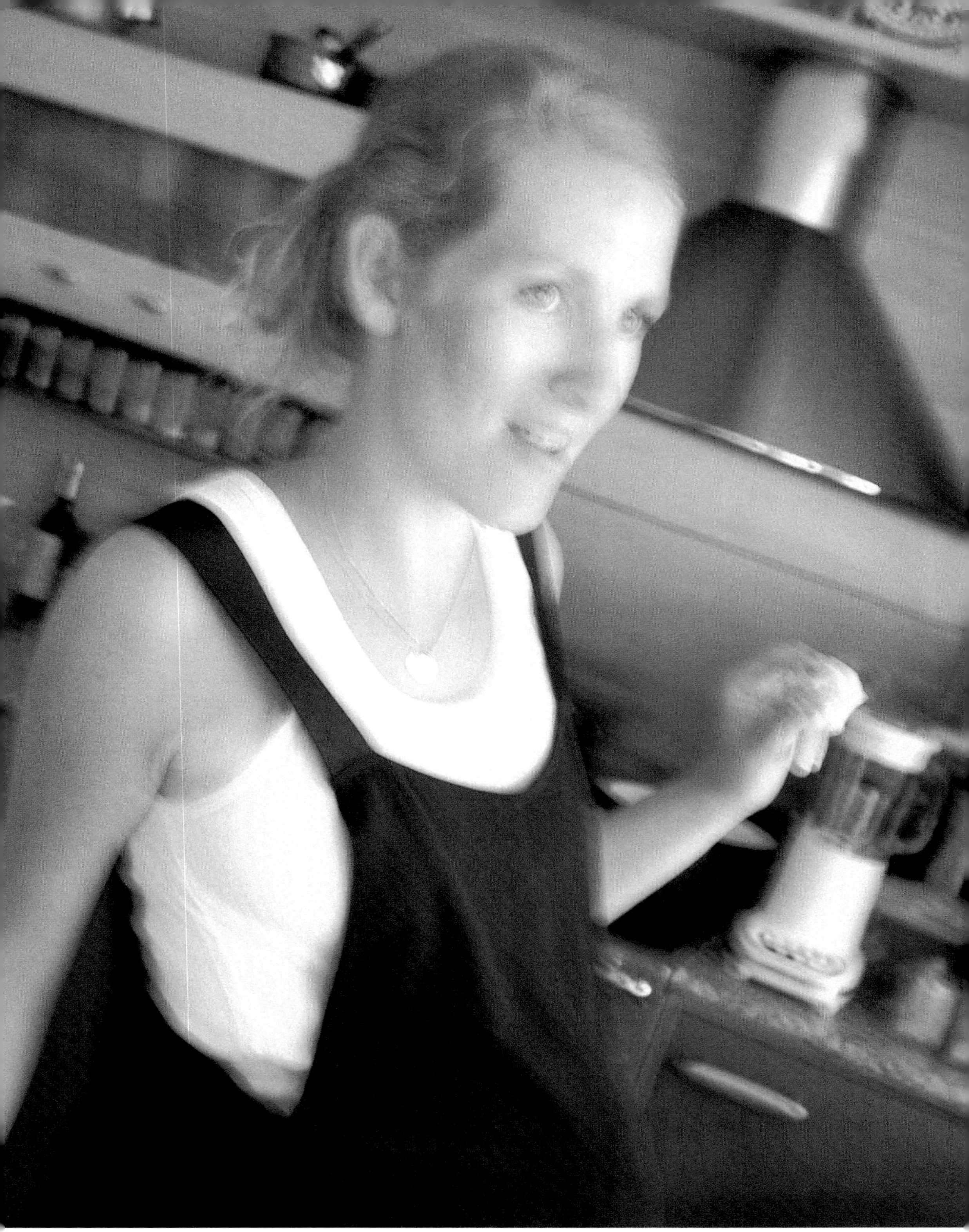

- margarines et huiles : vitamine E, acides gras essentiels ;

- beurre : vitamines A et D.

Les matières grasses sont digestes lorsqu'elles sont crues, évitez donc de les cuire, mais pensez à en ajouter au moment de servir.

## LES FRUITS DE MER, LES FROMAGES AU LAIT CRU SONT INTERDITS

**Faux.** Mais vigilance ! Ces aliments sont parfois vecteurs de virus et de bactéries, qui peuvent s'avérer dangereux pendant la grossesse. Vous pouvez néanmoins en consommer en suivant des règles de bon sens.

**Pour les produits de la mer :**

- Surveillez leur fraîcheur au moment de l'achat.
- Consommez-les le jour même.
- Pas d'achat ou de ramassage « sauvage » : faites vos courses chez un commerçant de confiance.
- Abstenez-vous d'en manger en période chaude, car ce sont des produits fragiles.

**Pour les fromages :**

- Optez pour les fromages à pâte cuite (comté, gruyère…) ou les fromages affinés pas trop faits (camembert, munster…).
- Évitez les fromages frais (faisselle, etc.) et les fromages de chèvre au lait cru, qui présentent plus de risques. Optez plutôt pour des fromages pasteurisés.
- Consommez-les rapidement, en ayant soin de ne pas les stocker.

## IL NE FAUT PAS ÉCOUTER SES ENVIES

**Faux.** Il suffit de rester raisonnable ! Pendant la grossesse, la perception des saveurs et des odeurs est souvent modifiée, tout comme les habitudes alimentaires en général (appétit, rythme des repas, dégoûts inhabituels...). Il est donc naturel de s'adapter à ces nouvelles sensations, sans se forcer à garder le rythme habituel. Envie de fraises, de chocolat, de chorizo ou de riz cantonnais... Il n'y a aucune raison de s'en priver dans la mesure où ces petites incartades ne déséquilibrent pas l'ensemble des repas !

## CONSOMMER DU SUCRE EST NÉFASTE POUR LE BÉBÉ

**Faux.** À condition, bien sûr, d'être modérée ! Un peu de sucre dans le café et dans les yaourts n'a pas de répercussion particulière, si l'alimentation reste équilibrée et variée. En revanche, le grignotage sucré (bonbons, gâteaux, barres chocolatées) déséquilibre l'alimentation et perturbe la glycémie, ce qui peut contribuer à une prise de poids trop importante du bébé.

Le miel et le sucre roux ont les mêmes effets : à consommer également avec modération (5 à 6 sucres ou cuillerées à café par jour maximum).

## CONTRAIREMENT AU TABAC, L'ALCOOL N'EST PAS INTERDIT PENDANT LA GROSSESSE

**Faux.** L'alcool traverse le placenta et atteint le fœtus très rapidement, avec des conséquences néfastes sur le développement de l'enfant (problèmes neurologiques notamment). Donc une seule règle : ni tabac, ni alcool pendant ces neuf mois !

# LES CAS PARTICULIERS

## LA GROSSESSE GÉMELLAIRE

Deux bébés à nourrir : vos besoins augmentent considérablement ! La prise de poids sera également plus importante (14 à16 kilos environ) et la couverture des besoins en minéraux et vitamines se fait, par sécurité, sous forme médicamenteuse, prescrite par votre médecin. Mangez de tout, en diversifiant au maximum vos menus, et surveillez votre poids.

## PRÉVENIR LA TOXOPLASMOSE

Si vous n'êtes pas immunisée contre la toxoplasmose, une maladie aux graves conséquences lorsqu'elle survient pendant la grossesse, vous devez impérativement :

- éviter le contact des chats et de leur litière ;
- consommer le bœuf très cuit ou l'acheter déjà surgelé ;
- éviter de manger les crudités (surtout les salades, les fraises, les radis...) qui ont été en contact avec la terre. Les fruits à peau épaisse qui s'épluchent ne posent pas de problème (orange, banane, kiwi...).

Ces mesures doivent être suivies pendant toute la durée de la grossesse.

## SURPOIDS ET GROSSESSE

Que le surpoids soit préexistant à la grossesse ou qu'il s'agisse d'une prise de poids trop rapide, les mêmes principes diététiques s'appliquent : aucune restriction sévère, mais un rééquilibrage en douceur !

On peut commencer par limiter les produits sucrés et les plats gras (sauces, frites...), tout en augmentant la présence de fruits et légumes, qui rassasient et apportent des micro-nutriments variés. Si malgré tout le poids augmente trop rapidement, il est préférable de faire un bilan chez un diététicien.

## LE DIABÈTE GESTATIONNEL

La grossesse modifie, chez certaines femmes prédisposées, la régulation de la glycémie (taux de sucre dans le sang). Cette anomalie impose un régime et parfois un traitement médicamenteux.

**Soyez surtout vigilante sur les points suivants :**

- Surveillez votre poids, car une prise de poids importante favorise la survenue du diabète gestationnel.

- Évitez le grignotage, car cela risque de déséquilibrer votre glycémie.

- Faites trois repas à peu près équivalents, pour que vos apports soient également répartis tout au long de la journée.

- Évitez le sucre, les boissons et les produits sucrés, les gâteaux, les viennoiseries et tous les aliments qui contiennent du sucre (glaces, desserts lactés...).

- Un régime assez strict est parfois nécessaire : suivez dans ce cas les conseils de votre médecin ou diététicien.

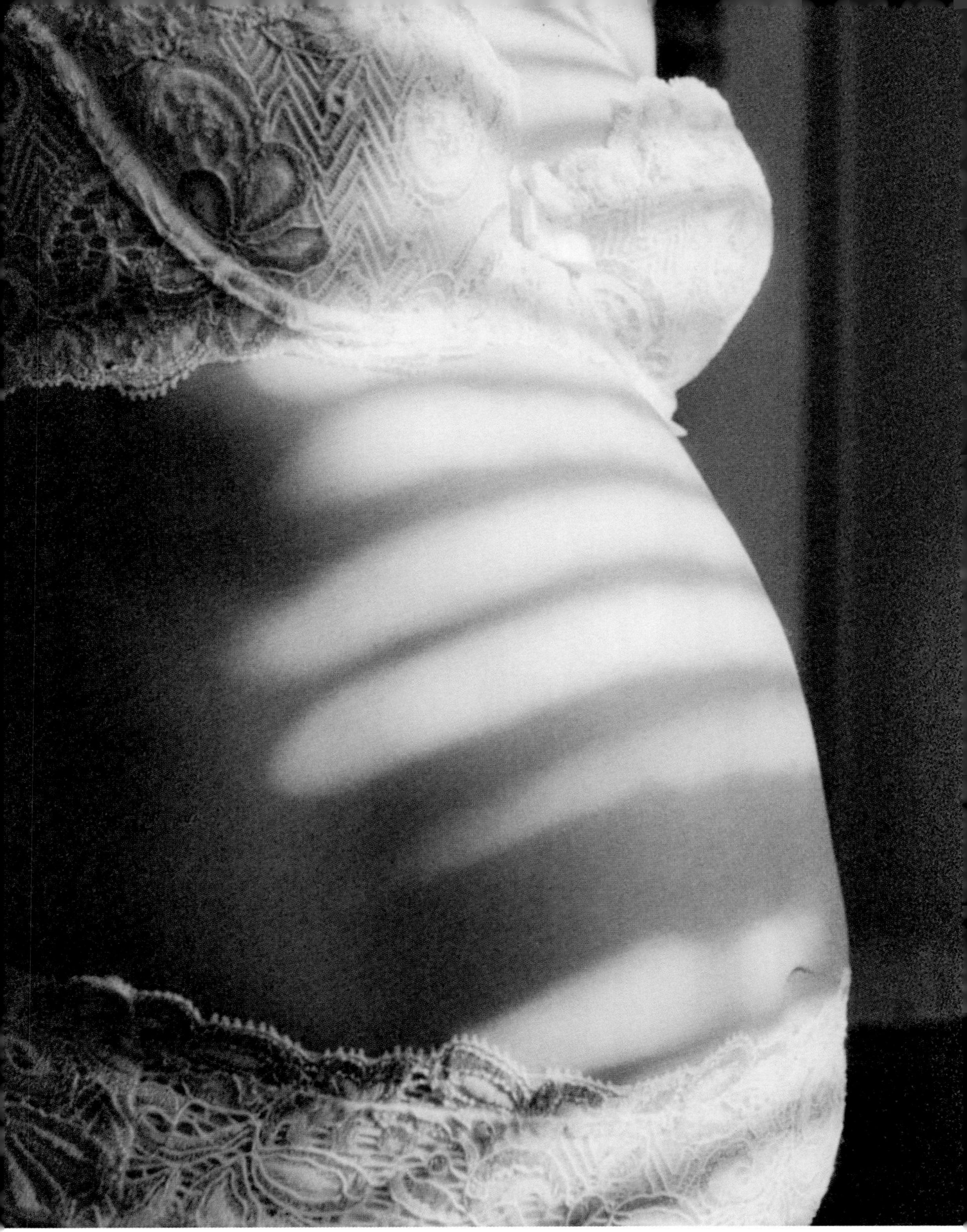

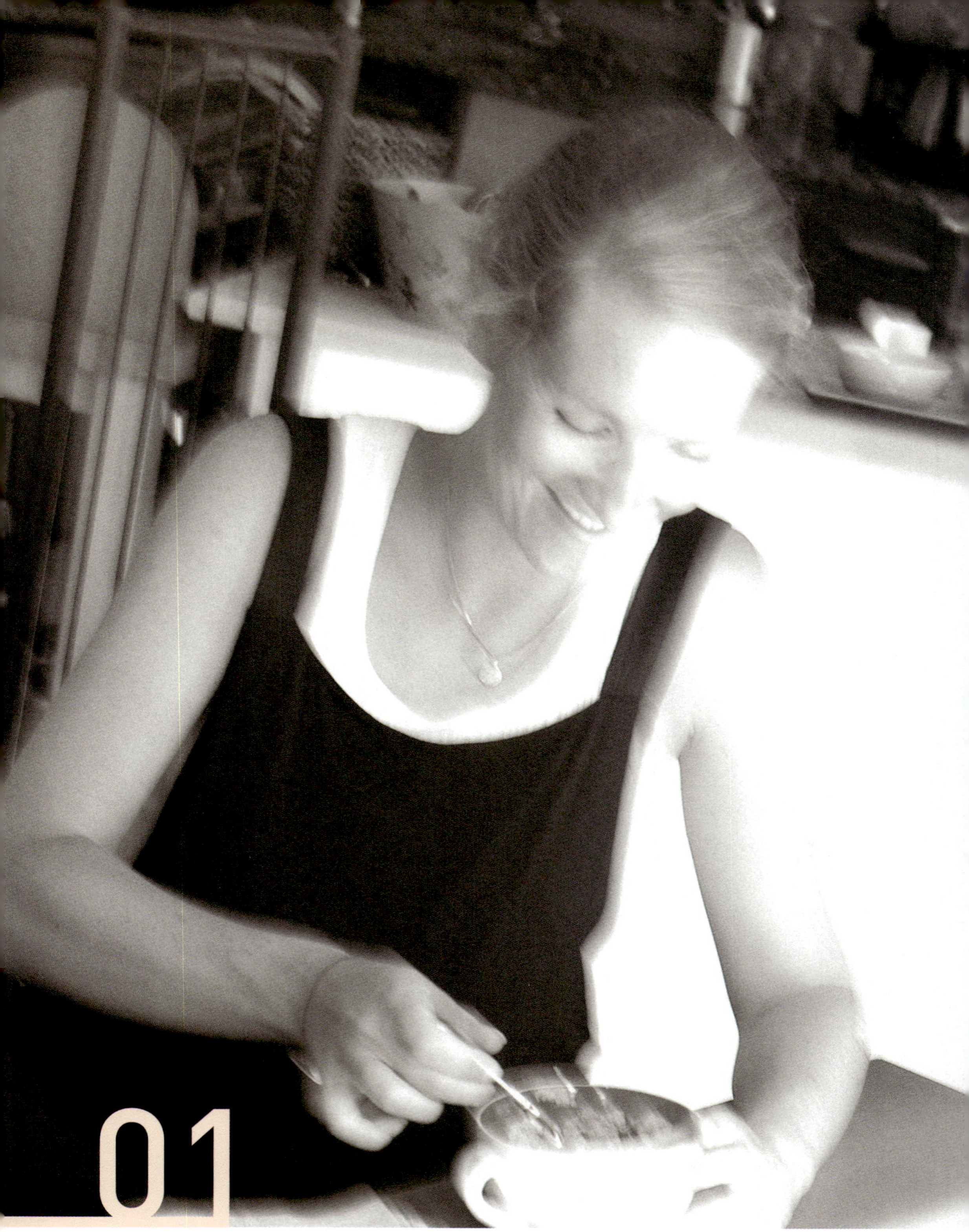

# 01

# LE PLEIN DE FER

Si l'apport en énergie n'est pas très différent pendant la grossesse, l'apport en minéraux doit être très surveillé. Les besoins sont particulièrement élevés et difficiles à couvrir en fer (antianémie) et en magnésium (relaxant musculaire, antifatigue).

Pour garantir des apports adéquats en fer :
- Consommez au moins deux portions de viande rouge par semaine (bœuf, agneau, parties rouges des volailles...) et de temps en temps du foie, du cœur ou du boudin noir. Le poisson et les œufs sont des sources de fer complémentaires.
- Prévoyez une portion de crudités (fruits ou légumes) à chaque repas, car la vitamine C qu'elles contiennent favorise l'assimilation du fer.

Pour augmenter vos apports en magnésium :
- Optez pour les céréales complètes, les légumineuses, les fruits oléagineux, qui en possèdent en abondance.
- Les légumes (épinard, fenouil, persil, maïs, petits pois...) et les fruits (banane, fruit de la Passion, framboise, figue, kiwi...) contiennent également du magnésium en quantité intéressante.

Le petit « plus » au quotidien : utilisez largement les herbes fraîches (persil, coriandre, basilic, thym...), ce sont de véritables concentrés de minéraux.

ET DE MAGNÉSIUM

# SOUPE DE LENTILLES

POUR 4 PERSONNES

PRÉPARATION 10 MINUTES

CUISSON 40 MINUTES

INGRÉDIENTS

200 g de lentilles roses • 1 petite boîte de lait de coco de 200 ml • 2 oignons • 2 feuilles de citronnier • 1 citron vert • 1 botte de coriandre • Sel, poivre

**INFO SANTÉ**

LES LENTILLES SE CLASSENT PARMI LES ALIMENTS LES MIEUX POURVUS EN FER ET EN MAGNÉSIUM. INTÉGREZ-LES RÉGULIÈREMENT DANS LES MENUS, EN ALTERNANCE AVEC DES HARICOTS ROUGES ET DES POIS CHICHES, ÉGALEMENT RICHES EN MINÉRAUX.

**• DANS UN MENU •**

Soupe de lentilles
Brochettes de poulet au sésame
Brocolis sautés
Litchis frais

Dans une grande casserole, déposez les lentilles, le lait de coco, les oignons émincés, les feuilles de citronnier et 1 litre d'eau. Salez, poivrez.
Faites cuire 40 minutes.
Ajoutez le jus du citron vert. Enlevez les feuilles de citronnier.
Broyez le tout à l'aide d'un mixeur à soupe.
Avant de servir, saupoudrez de coriandre ciselée.

**BON À SAVOIR**

VOUS TROUVEREZ LES FEUILLES DE CITRONNIER DANS LES ÉPICERIES ASIATIQUES.

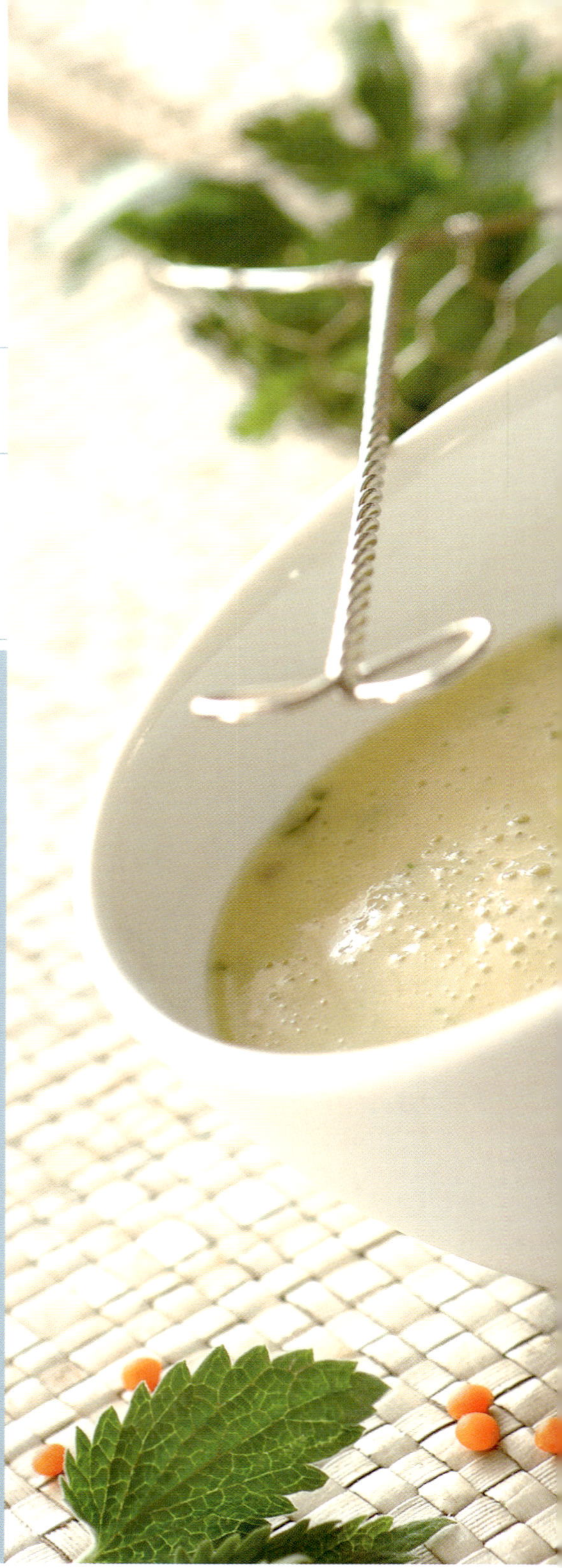

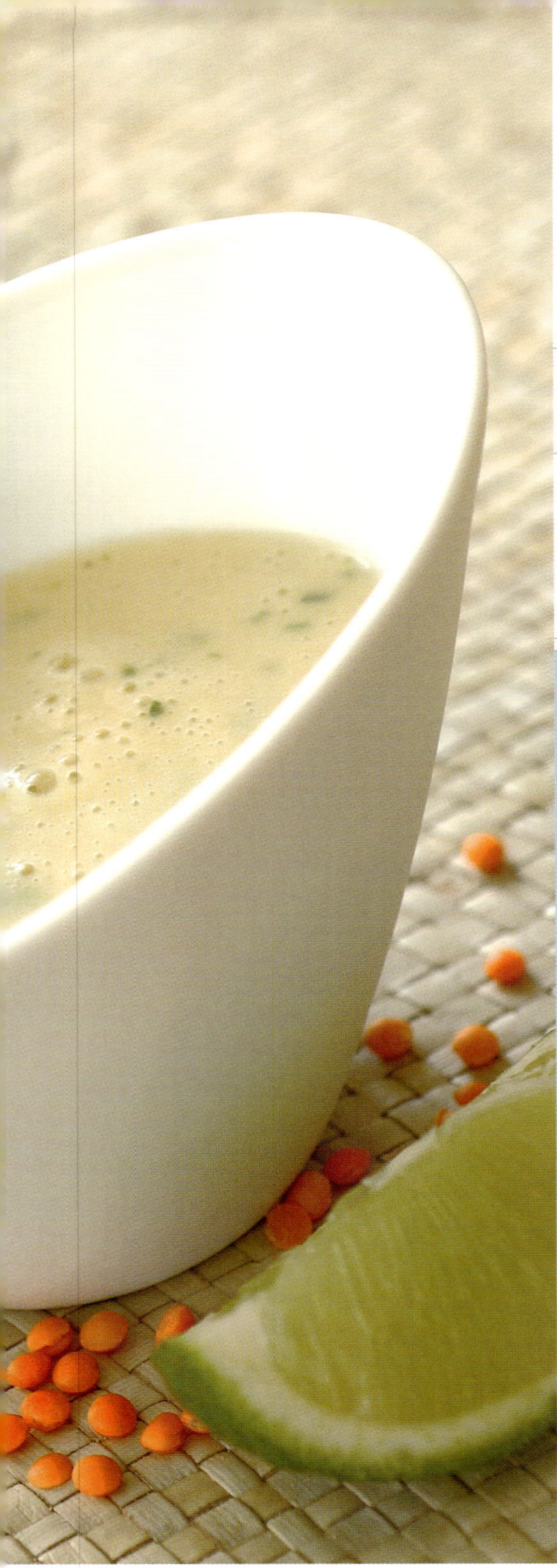

# SALADE DE ROQUETTE À L'ORANGE

| POUR 4 PERSONNES | PRÉPARATION | CUISSON |
|---|---|---|
| | 15 MINUTES | — |

INGRÉDIENTS

50 g de cerneaux de noix • 1 orange non traitée • 3 cuillerées à soupe d'huile d'olive • 250 g de roquette • 100 g de chèvre frais pasteurisé • 2 poires • Sel, poivre du moulin

**INFO SANTÉ**

LA ROQUETTE, COMME LES POUSSES D'ÉPINARD, LA MÂCHE OU LE PISSENLIT EST UNE SALADE TRÈS CONCENTRÉE EN MICRONUTRIMENTS INDISPENSABLES. ELLE CONTIENT EN EFFET DU FER, DE LA VITAMINE B9 (ANTIANÉMIE), ET DE LA PROVITAMINE A (INDISPENSABLE À LA CROISSANCE) EN QUANTITÉ ÉLEVÉE.

**• DANS UN MENU •**

Salade de roquette à l'orange
Lapin à la moutarde
Pommes vapeur, persil frais
Ananas

Concassez les noix. Dans un bol, mélangez le zeste et le jus de l'orange, l'huile d'olive et les noix concassées. Salez, poivrez. Assaisonnez la roquette et déposez-la sur un plat. Épluchez les poires. Coupez le chèvre et les poires en tranches fines. Disposez-les sur la salade et servez.

# TABOULÉ DE QUINOA

| POUR 4 PERSONNES | PRÉPARATION | CUISSON | RÉFRIGÉRATION |
|---|---|---|---|
| | 20 MINUTES | 25 MINUTES | 1 à 2 HEURES |

INGRÉDIENTS

300 g de quinoa • 750 g de tomates • 1/2 botte de menthe • 2 bouquets de persil plat • 1 citron • 30 ml d'huile d'olive • Sel, poivre du moulin

## INFO SANTÉ

LE QUINOA EST UNE PLANTE ORIGINAIRE D'AMÉRIQUE DU SUD DONT ON CONSOMME LES GRAINES. ON L'UTILISE COMME LE RIZ OU LE BLÉ, SIMPLEMENT CUIT À L'EAU. OUTRE SA SAVEUR ORIGINALE, SES APPORTS EN PROTÉINES, EN FIBRES ET EN MAGNÉSIUM EN FONT UN FÉCULENT ALTERNATIF PARTICULIÈREMENT CONSEILLÉ PENDANT LA GROSSESSE.

## • DANS UN MENU •

**Taboulé de quinoa**
**Thon rouge grillé, jus de citron vert**
**Emmental**
**Soupe de fraises**

Versez le quinoa dans deux fois son volume d'eau froide salée. Portez à ébullition et faites cuire 20 à 25 minutes. Égouttez le quinoa dans une passoire fine et rincez-le à l'eau froide. Ébouillantez les tomates 3 secondes. Épluchez-les. Coupez-les en petits dés et enlevez les graines. Déposez-les dans une passoire. Salez. Hachez la menthe et le persil. Mélangez le jus du citron et l'huile. Salez, poivrez. Déposez le quinoa dans un saladier, ajoutez la sauce au citron et les herbes. Mélangez. Laissez reposer 1 à 2 heures au réfrigérateur. Au moment de servir, ajoutez les tomates. Mélangez et rectifiez l'assaisonnement.

## BON À SAVOIR

SERVI EN ENTRÉE, CE PLAT CONVIENDRA POUR 6 CONVIVES.

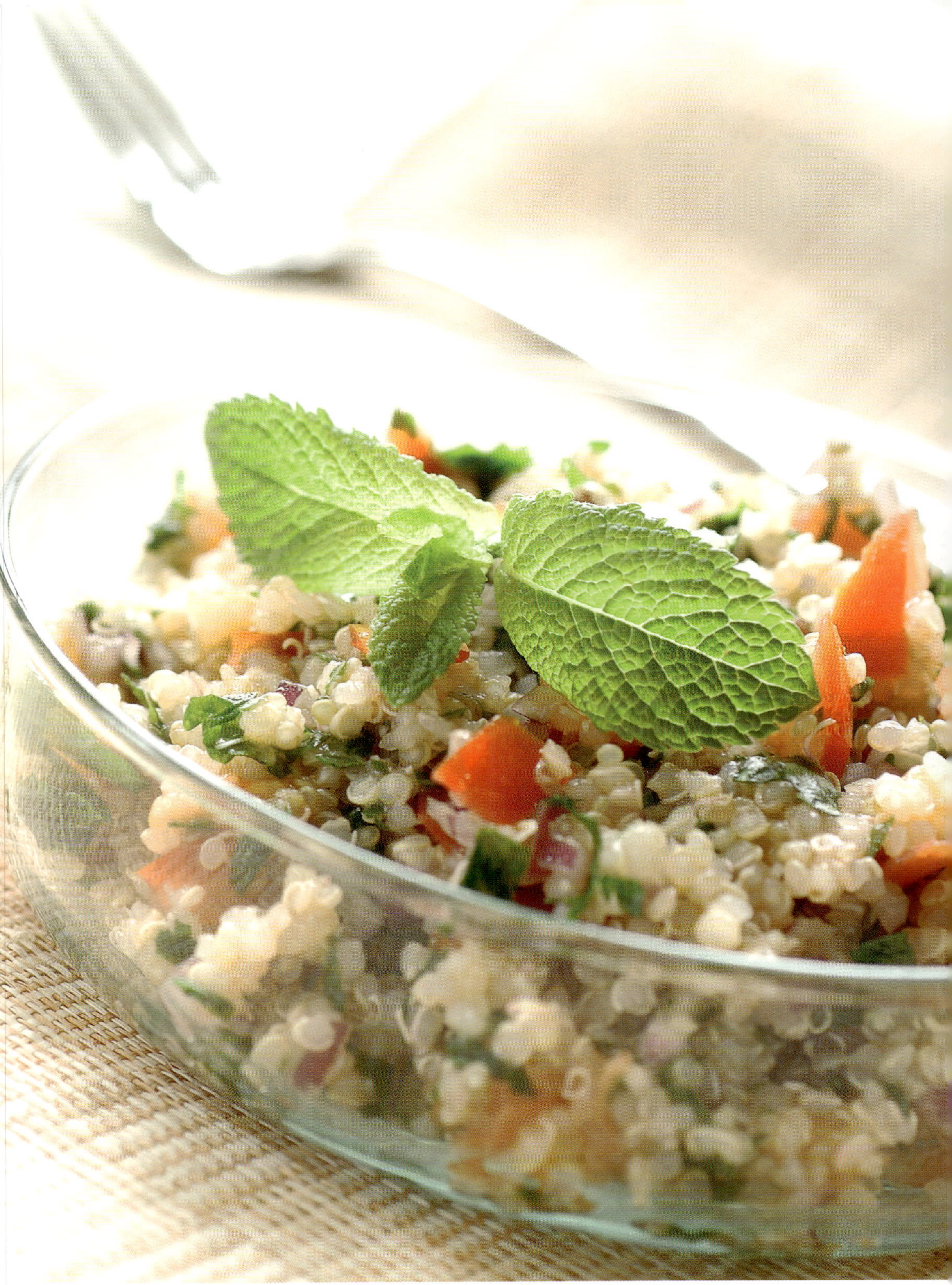

# LICHETTES DE FOIE DE VEAU, PURÉE À L'HUILE D'OLIVE

| POUR 4 PERSONNES | PRÉPARATION | CUISSON |
|---|---|---|
| | 10 MINUTES | 5 MINUTES |

ingrédients

1 cuillerée à soupe d'huile d'olive • 2 citrons • 4 tranches de foie de veau • 1 botte de persil • 800 g de purée de pommes de terre à l'huile d'olive (maison ou surgelée) • Sel, poivre du moulin

### INFO SANTÉ

LE FOIE ET LES ABATS ROUGES (ROGNONS, CŒUR...) SONT CONNUS POUR LEUR RICHESSE EXCEPTIONNELLE EN FER. PAUVRES EN MATIÈRES GRASSES, ILS SONT EN REVANCHE BIEN POURVUS EN PROTÉINES. CE SONT DES ALIMENTS FRAGILES : CONSOMMEZ-LES LE JOUR DE L'ACHAT ET FAITES-LES PARFAITEMENT CUIRE.

### • DANS UN MENU •

Lichettes de foie de veau, purée à l'huile d'olive
Salade de mâche
Fromage blanc au miel
Kiwi

Dans une casserole, faites chauffer 1/2 litre d'eau avec l'huile, le jus des citrons, du sel et du poivre. Émincez les tranches de foie. Jetez les lichettes dans l'eau bouillante. Éteignez immédiatement et sortez-les au bout de 2 minutes.
Une fois bien égouttés, piquez vos morceaux de foie dans une purée de pommes de terre à l'huile d'olive.
Servez le tout saupoudré d'un hachis de persil.

### BON À SAVOIR

VOUS POUVEZ REMPLACER LE FOIE DE VEAU PAR DU FOIE DE GÉNISSE.

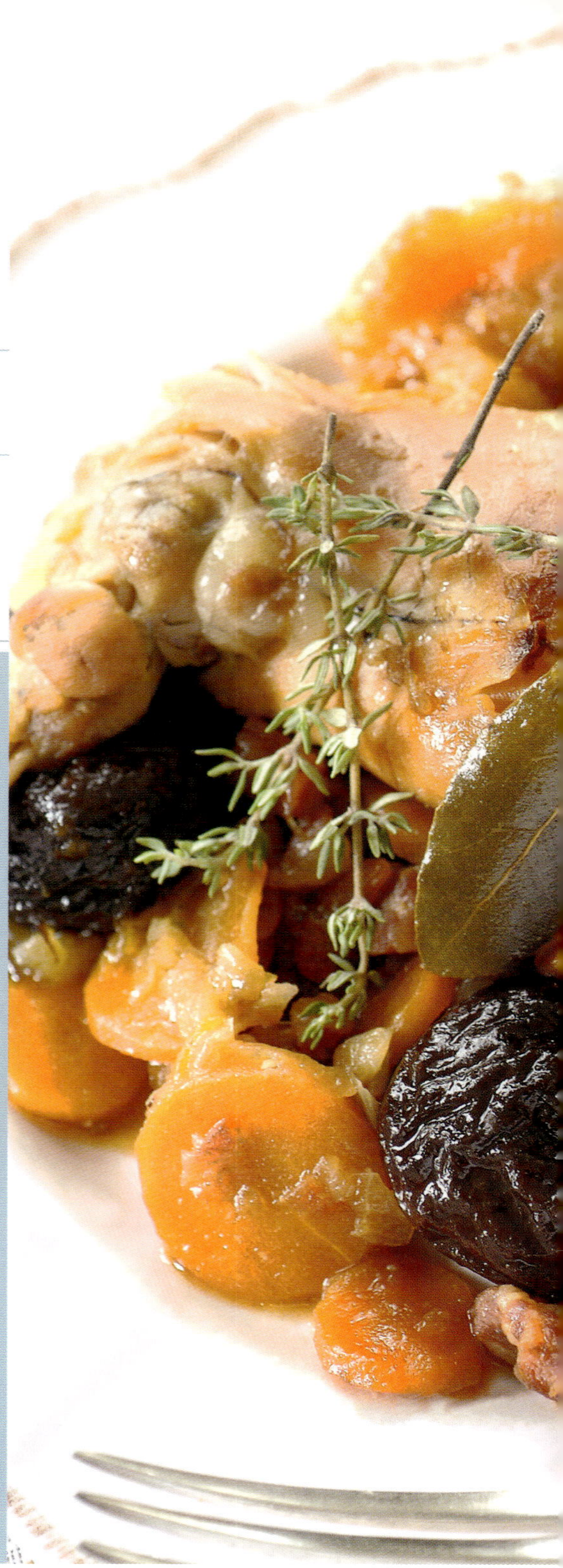

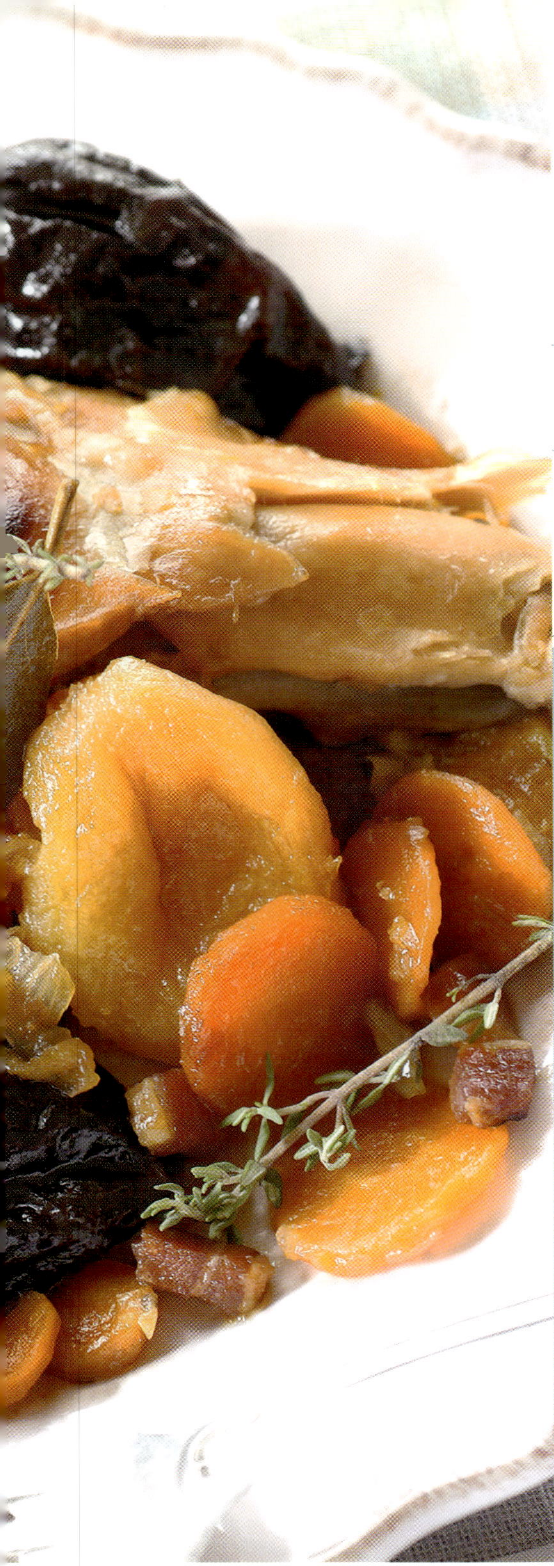

# LAPIN AUX FRUITS SECS

| POUR 4 PERSONNES | PRÉPARATION | CUISSON |
|---|---|---|
| | 15 MINUTES | 55 MINUTES |

INGRÉDIENTS

100 g de poitrine fumée • 2 carottes • 3 oignons • 1 cuillerée à café d'huile d'olive • 1 lapin coupé en morceaux • 150 g de pruneaux • 100 g d'abricots secs • 2 tranches de pain d'épice • 33 cl de bière blonde• 1 feuille de laurier • 1 bouquet de thym • Sel, poivre du moulin

**INFO SANTÉ**

LES FRUITS SECS ET OLÉAGINEUX PEUVENT ÊTRE INTÉGRÉS RÉGULIÈREMENT DANS LES PLATS, OU CONSOMMÉS NATURE, EN COLLATION. ILS SONT CONCENTRÉS EN FIBRES, MINÉRAUX ET EN CERTAINES VITAMINES (PROVITAMINE A ET VITAMINE E DANS LES NOIX). LEURS GLUCIDES LENTEMENT ASSIMILÉS RASSASIENT ET ÉVITENT LES FRINGALES.

**• DANS UN MENU •**

Chou rouge vinaigrette
Lapin aux fruits secs
Endives vapeur
Faisselle de fromage blanc à la ciboulette

Dans une cocotte, déposez la poitrine fumée coupée en petits morceaux, les carottes coupées en fines rondelles, les oignons émincés. Versez le filet d'huile d'olive. Faites revenir à couvert et à feu doux 10 minutes. Déposez dans la cocotte les morceaux de lapin, les fruits secs, le pain d'épice émietté, la bière et la feuille de laurier. Salez, poivrez, saupoudrez de thym. Faites cuire à couvert et à feu doux 45 minutes.

# MOULES À L'ASIATIQUE

| POUR 4 PERSONNES | PRÉPARATION | CUISSON |
|---|---|---|
| | 15 MINUTES | 20 MINUTES |

INGRÉDIENTS

3 l (ou 2 kg) de moules de bouchot
• 60 g de gingembre frais • 20 cl de lait de coco
• 1 cuillerée à café de pâte de curry vert
• 15 cl de vin blanc sec • 1 botte de coriandre

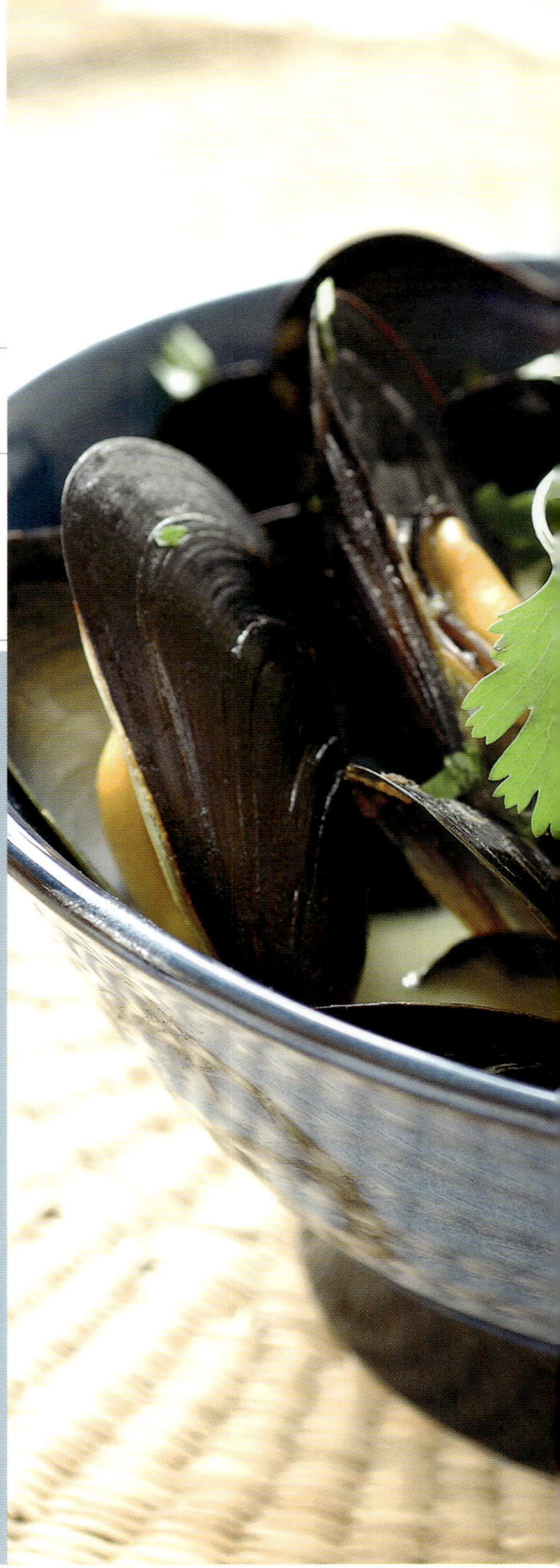

**INFO SANTÉ**

LES MOULES SONT INTÉRESSANTES POUR LEUR APPORT EN FER ET LEURS PROTÉINES DE BONNE QUALITÉ. COMME TOUS LES FRUITS DE MER, ELLES SONT FRAGILES : ACHETEZ-LES TRÈS FRAÎCHES CHEZ UN COMMERÇANT DE CONFIANCE ET CONSOMMEZ-LES BIEN CUITES, LE JOUR DE L'ACHAT.

**• DANS UN MENU •**

Salade de pousses de soja
Moules à l'asiatique
Riz blanc à la vapeur
Nectarine

Lavez et nettoyez les moules.
Épluchez et râpez le gingembre.
Dans une cocotte, déposez le lait de coco, le gingembre, la pâte de curry et le vin blanc. Faites chauffer à couvert à feu doux pendant 10 minutes.
Ajoutez les moules. Laissez cuire en remuant les moules avec une cuillère en bois jusqu'à ce qu'elles s'ouvrent.
Ajoutez la coriandre ciselée. Mélangez et servez aussitôt.

**BON À SAVOIR**

VOUS TROUVEREZ LA PÂTE DE CURRY ET LE LAIT DE COCO DANS LES ÉPICERIES ASIATIQUES.

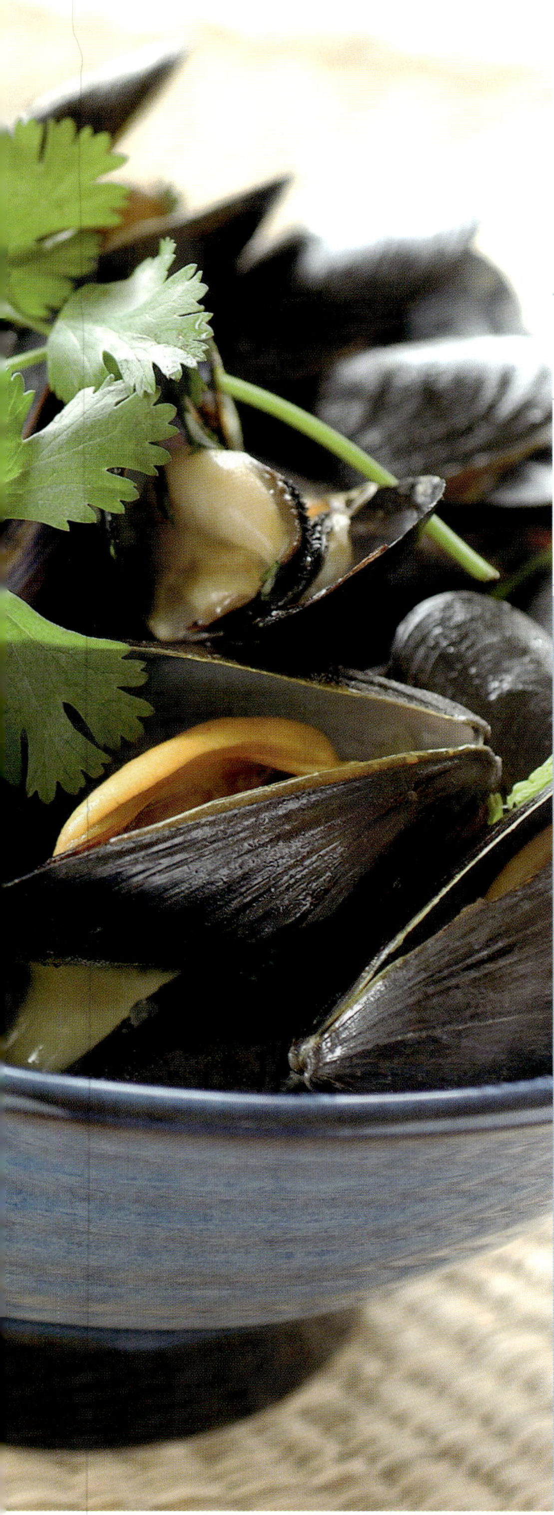

# CABILLAUD À LA BISQUE DE HOMARD

| POUR 4 PERSONNES | PRÉPARATION | CUISSON |
|---|---|---|
| | 10 MINUTES | 15 MINUTES |

ingrédients

600 g de filet de cabillaud • 1 cuillerée à café de Maïzena • 1/2 boîte de bisque de homard (150 g) • 50 ml de crème liquide à 15 % de matière grasse • Quelques gouttes de jus de citron • Sel, poivre du moulin

**INFO SANTÉ**

LES POISSONS SONT MOINS RICHES EN FER QUE LA PLUPART DES VIANDES. LEUR APPORT N'EST CEPENDANT PAS NÉGLIGEABLE, D'AUTANT QUE CE FER EST BIEN ASSIMILÉ PAR L'ORGANISME. LA CONSOMMATION DE POISSON ET D'ŒUFS PERMET DE RENFORCER LES APPORTS, EN COMPLÉTANT CEUX DE LA VIANDE.

**• DANS UN MENU •**

Cabillaud à la bisque de homard
Purée de pommes de terre et d'épinards
Comté
Orange

Faites cuire le poisson 5 minutes environ en papillote ou à la vapeur.
Dans une casserole, délayez la Maïzena avec la bisque de homard. Versez 150 millilitres d'eau et la crème.
Salez et poivrez.
Faites chauffer à feu doux 8 à 10 minutes.
Ajoutez le jus de citron puis rectifiez l'assaisonnement.
Servez le poisson et la sauce séparément.

# CRÈME AU CHOCOLAT AMER

| POUR 6 PERSONNES | PRÉPARATION | CUISSON | RÉFRIGÉRATION |
|---|---|---|---|
| | 15 MINUTES | 1h10 | 4 HEURES |

INGRÉDIENTS

1 l de lait demi-écrémé • 100 g de chocolat amer à 70 % de cacao • 6 jaunes d'œufs • 50 g de sucre en poudre

## INFO SANTÉ

LE CHOCOLAT NOIR, BONNE SOURCE DE MAGNÉSIUM, EST CONNU POUR SES VERTUS STIMULANTES ET ANTIDÉPRIME. PENDANT LA GROSSESSE, SI VOUS L'APPRÉCIEZ, OPTEZ POUR UN CHOCOLAT NOIR RICHE EN MAGNÉSIUM ET EN FER OU POUR UN BON CHOCOLAT AU LAIT, PLUS RICHE EN CALCIUM, MAIS AUSSI EN SUCRE.

## • DANS UN MENU •

Salade de riz complet, tomates, haricots rouges
Steak grillé, ail, persil
Courgettes à la vapeur
Crème au chocolat amer

Préchauffez le four à 150 °C (th. 5).
Cassez le chocolat dans une casserole. Faites-le fondre à feu doux en versant le lait progressivement, tout en remuant avec une spatule en bois. Mélangez.
Laissez refroidir.
Dans une terrine, battez les jaunes d'œufs et le sucre. Ajoutez progressivement, tout en continuant de remuer, le lait chocolaté. Fouettez afin d'obtenir une préparation homogène.
Versez celle-ci dans un moule à soufflé de 22 centimètres de diamètre. Laissez cuire au bain-marie 1 heure.
Sortez la crème du four. Laissez-la refroidir. Couvrez et réfrigérez au moins 4 heures.

## BON À SAVOIR

VOUS POUVEZ FAIRE CUIRE LA CRÈME DANS DES RAMEQUINS INDIVIDUELS. COMPTEZ ALORS 45 MINUTES DE CUISSON.

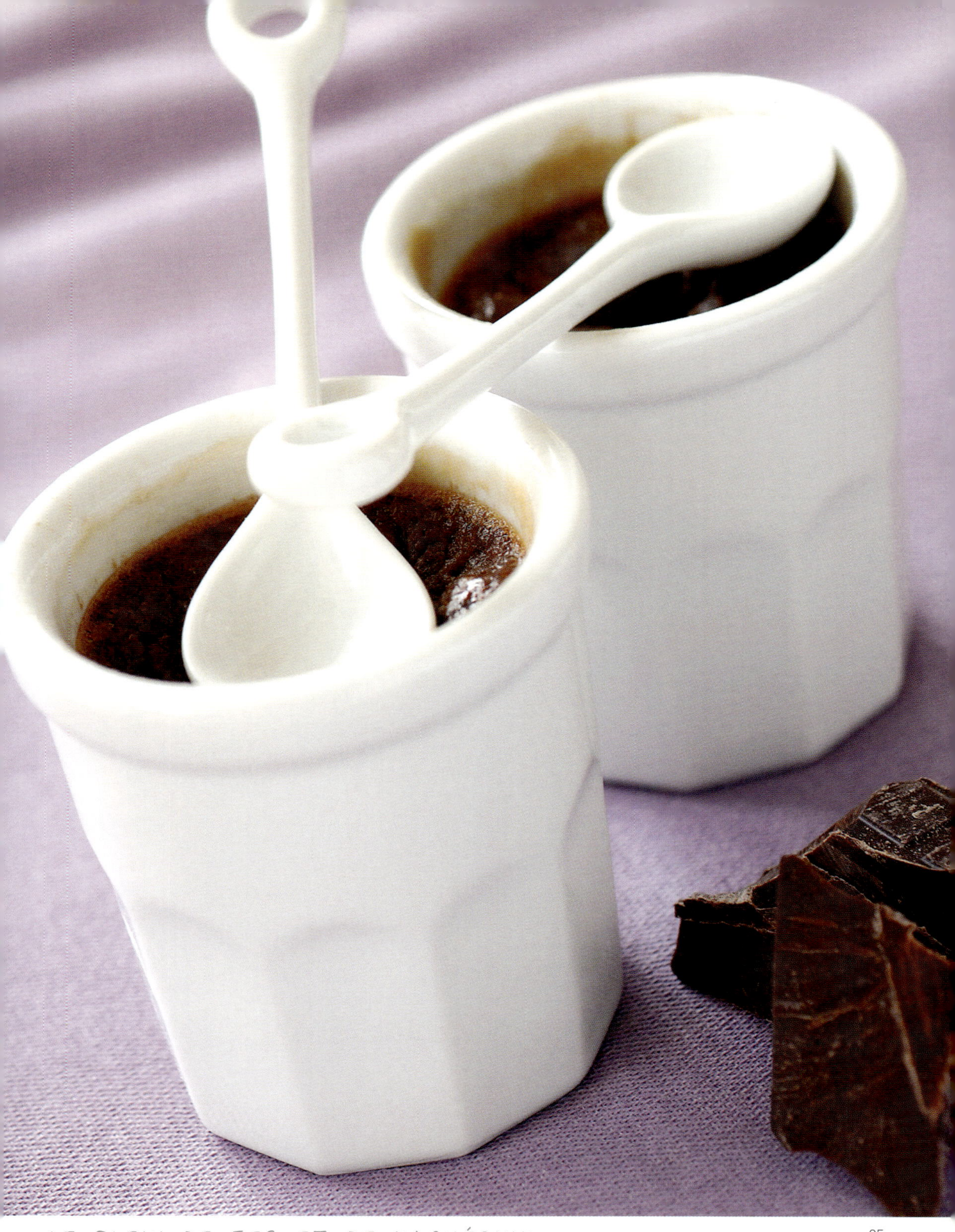

# SALADE DE FRUITS À LA FLEUR D'ORANGER

| POUR 4 PERSONNES | PRÉPARATION | CUISSON | RÉFRIGÉRATION |
|---|---|---|---|
| | 15 MINUTES | — | 1 HEURE |

ingrédients

3 kiwis • 3 bananes • 3 oranges • 1 cuillerée à soupe de miel d'acacia ou d'oranger • 1 cuillerée à soupe d'eau de fleur d'oranger

### INFO SANTÉ

LES FRUITS ET LES LÉGUMES SONT UNE SOURCE SECONDAIRE, MAIS NON NÉGLIGEABLE, DE MINÉRAUX : ILS APPORTENT DU CALCIUM, DU FER, DU MAGNÉSIUM, AINSI QUE DE NOMBREUX OLIGO-ÉLÉMENTS INDISPENSABLES À VOTRE FORME. DE PLUS, LA VITAMINE C QU'ILS CONTIENNENT FAVORISE L'ASSIMILATION DE CES MINÉRAUX.

### • DANS UN MENU •

Soupe à l'oseille
Omelette au fromage
Ratatouille et pois chiches
Salade de fruits à la fleur d'oranger

Épluchez les kiwis et coupez-les en rondelles. Procédez de la même façon pour les bananes. Pelez les oranges à vif puis ôtez les quartiers en enlevant la peau blanche qui les sépare. Disposez les fruits sur un plat. Versez le miel et l'eau de fleur d'oranger. Couvrez et placez au réfrigérateur 1 heure environ.

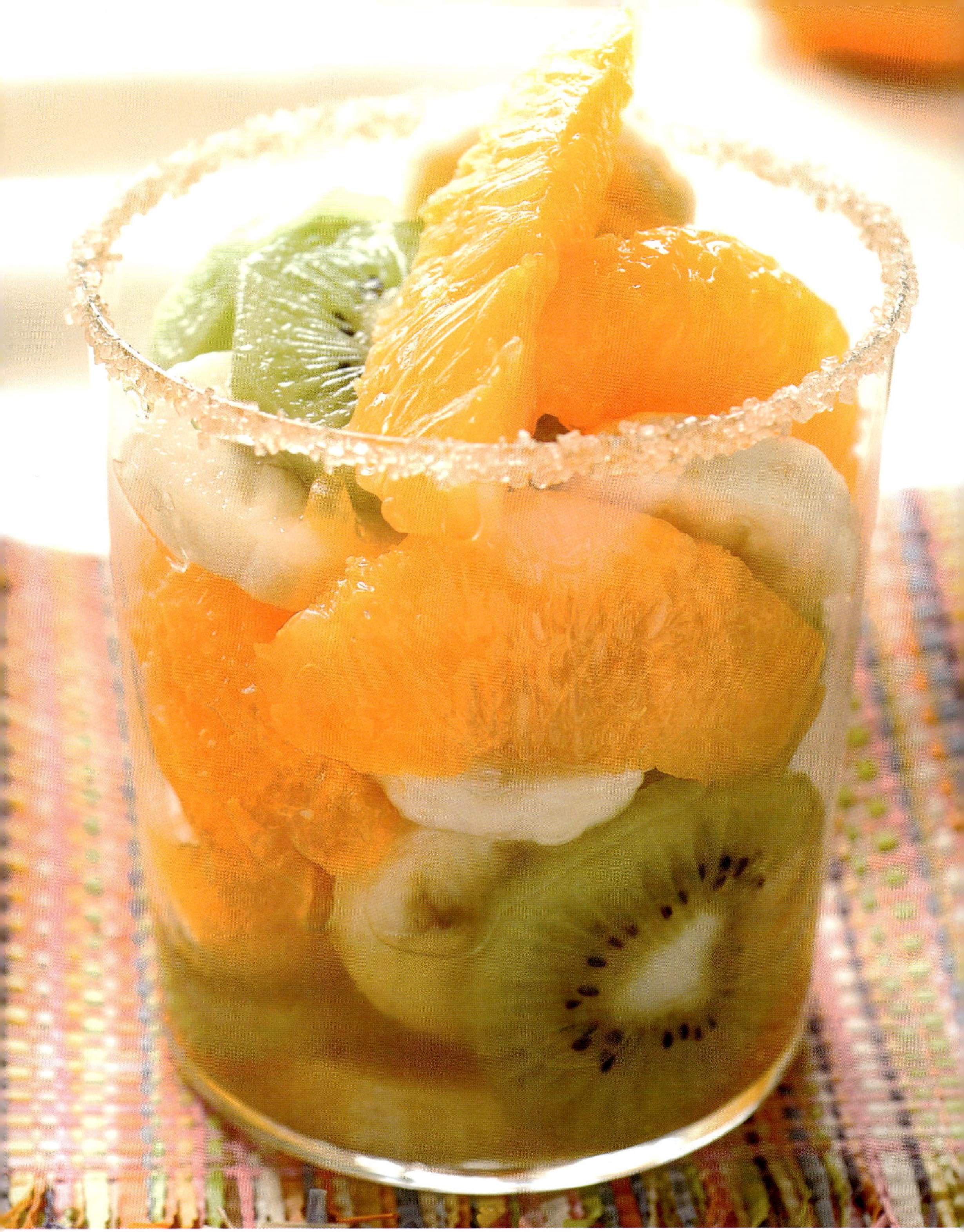

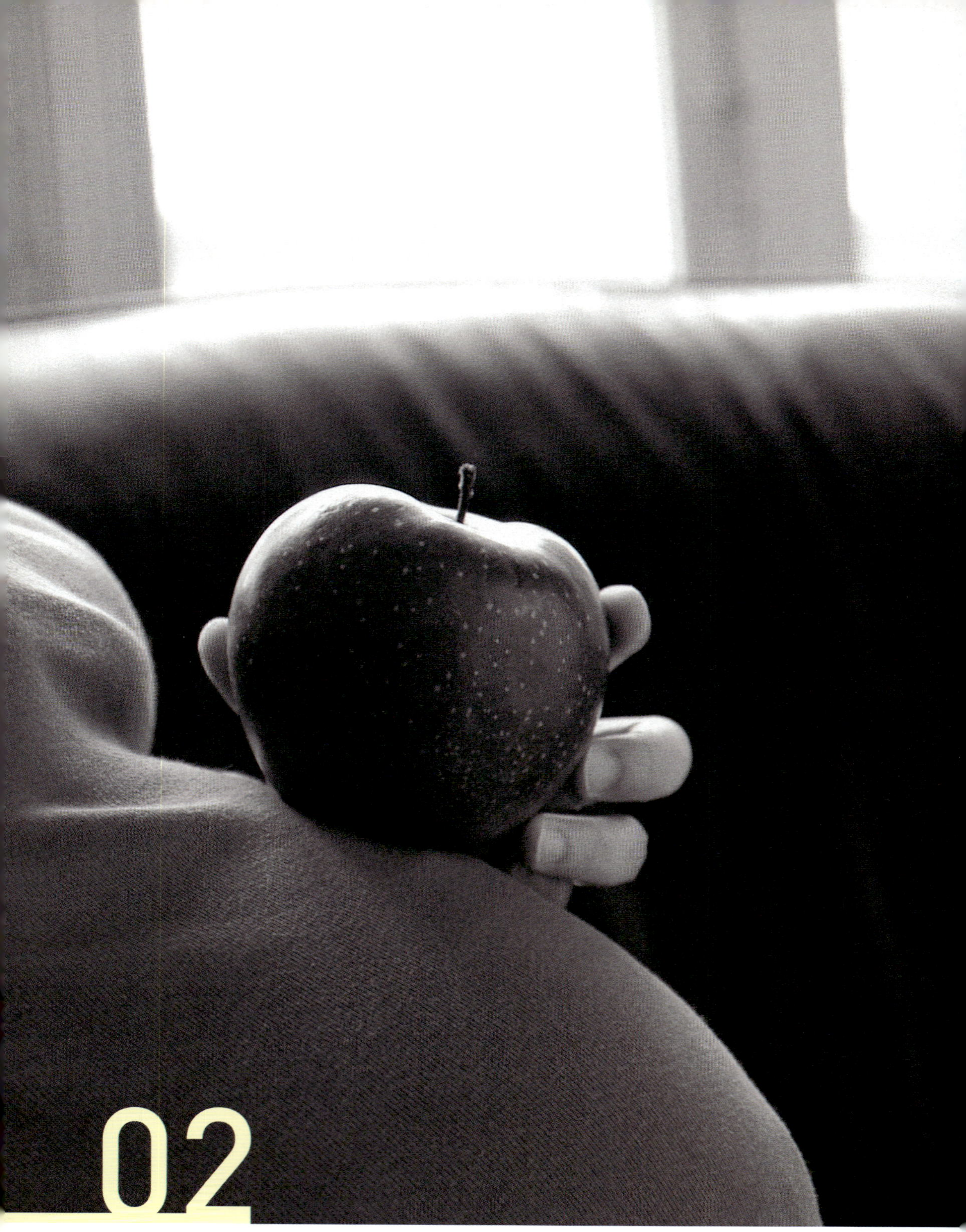

# 02

LÉGÈRES,

Surveiller son poids est indispensable tout au long de la grossesse, l'idéal étant de ne pas prendre plus de 12 kilos. Mais même si la vigilance s'impose, pas question de faire un régime trop restrictif.

Quelques conseils pour alléger en douceur :

– Réduisez la matière grasse de cuisson (cuisson au four, au gril, à la vapeur...), mais pensez à ajouter une noisette de beurre frais ou un filet d'huile crue, c'est indispensable pour le développement du bébé.

– Limitez le sucre, que vous pouvez éventuellement remplacer par de l'aspartame, un édulcorant autorisé pendant la grossesse.

– Évitez le grignotage, mais structurez vos repas (crudité, plat, laitage, fruit) et faites éventuellement un goûter léger (fruit, laitage, pain).

– Si vous avez faim, augmentez le volume des repas grâce aux légumes crus ou cuits : salade verte, tomate, concombre en entrée (avec peu de sauce) et associez les légumes et les féculents pour être rassasiée (riz et ratatouille, carottes et lentilles, blé et champignons...).

– Pensez aussi aux potages (chauds ou froids, comme le gaspacho) et aux desserts à base de fruits, peu caloriques et bien vitaminés.

LES CALORIES !

# SALADE DE L'ATLANTIQUE

| POUR 4 PERSONNES | PRÉPARATION | CUISSON | RÉFRIGÉRATION |
| --- | --- | --- | --- |
| | 15 MINUTES | — | — |

INGRÉDIENTS

2 pomélos • 300 g de crevettes cuites • 200 g de thon fumé • 100 g de tomates cerise • 3 cuillerées à soupe d'huile d'olive • 1 cuillerée à soupe de vinaigre de Xérès • 1 cuillerée à soupe de vinaigre balsamique • 250 g d'un mélange de mesclun et de pousses d'épinard • 1 brin d'aneth • Sel, poivre du moulin

### INFO SANTÉ

LES POISSONS GRAS, COMME LE THON, LE SAUMON, LE MAQUEREAU OU LA TRUITE DE MER CONTIENNENT DES ACIDES GRAS INDISPENSABLES AU DÉVELOPPEMENT CÉRÉBRAL DU BÉBÉ. N'HÉSITEZ PAS À EN PRÉVOIR DANS VOS MENUS UNE À DEUX FOIS PAR SEMAINE : LEUR APPORT EN CALORIES RESTE MODÉRÉ ET COMPATIBLE AVEC UNE PRISE DE POIDS RAISONNABLE.

### • DANS UN MENU •

Salade de l'Atlantique
2 tranches de pain au pavot
Semoule au lait écrémé
Raisin

Pelez les pomélos à vif puis ôtez la peau blanche qui sépare les quartiers. Décortiquez les crevettes. Détaillez le thon en petits morceaux et les tomates cerise en deux. Mélangez l'huile et les vinaigres. Salez et poivrez. Assaisonnez la salade et déposez-la sur un plat. Ajoutez le thon, les crevettes, les tomates et les quartiers de pomélo. Parsemez d'aneth. Servez.

### BON À SAVOIR

SI VOUS NE TROUVEZ PAS DE THON FUMÉ, REMPLACEZ-LE PAR DU SAUMON OU DE LA TRUITE FUMÉE.

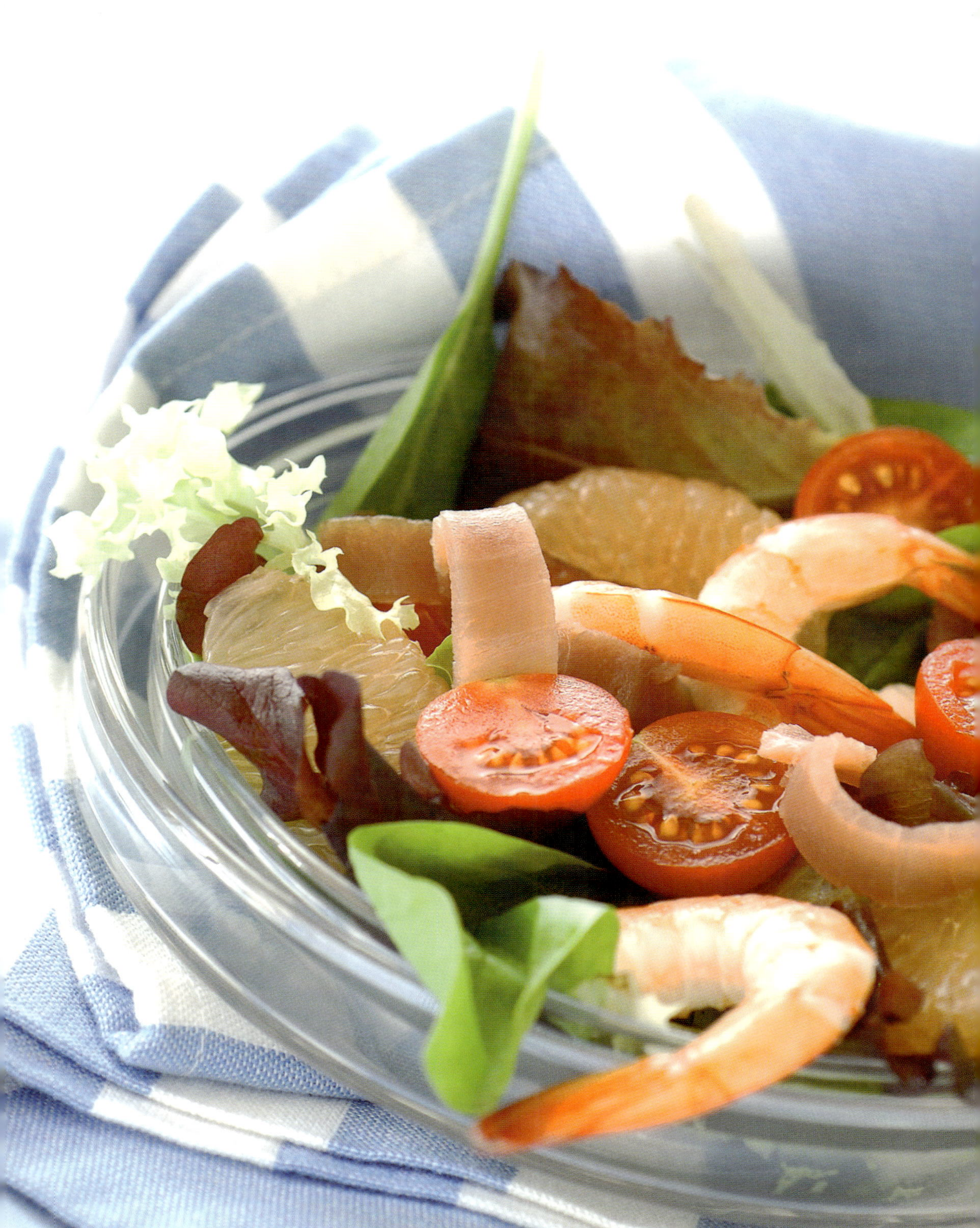

# SALADE EXOTIQUE

POUR 4 PERSONNES

PRÉPARATION 15 MINUTES

CUISSON /

INGRÉDIENTS

1 salade feuille de chêne • 1 mangue pas trop mûre • 2 cuillerées à soupe de jus de citron • 2 cuillerées à soupe d'huile d'olive • 2 cuillerées à soupe de crème liquide • 200 g de chair de crabe • 1 botte de coriandre • Sel, poivre du moulin

**INFO SANTÉ**

LES SALADES COMPOSÉES SONT FRAÎCHES ET LÉGÈRES EN CALORIES, À CONDITION DE BIEN LES ÉQUILIBRER. POUR UNE ENTRÉE, FORCEZ SUR LES CRUDITÉS QUE VOUS COMPLÉTEREZ AVEC UN PEU DE THON, UN DEMI-ŒUF DUR OU DES DÉS DE JAMBON. POUR UN PLAT COMPLET, AJOUTEZ DU RIZ OU UN AUTRE FÉCULENT ET DES DÉS DE FROMAGE ; LE DESSERT EST ALORS INUTILE.

**• DANS UN MENU •**

Salade exotique
Cuisse de poulet grillée
Riz nature et tomates au four
Fromage blanc

Lavez et essorez la salade. Épluchez la mangue et coupez-la en fines lamelles. Mélangez le jus de citron, l'huile et la crème. Salez, poivrez. Prélevez 1 cuillerée à soupe de sauce et mélangez-la à la chair de crabe. Assaisonnez la salade avec le reste de sauce. Déposez-la sur un plat. Disposez par-dessus le crabe et les tranches de mangue. Parsemez de coriandre ciselée. Servez.

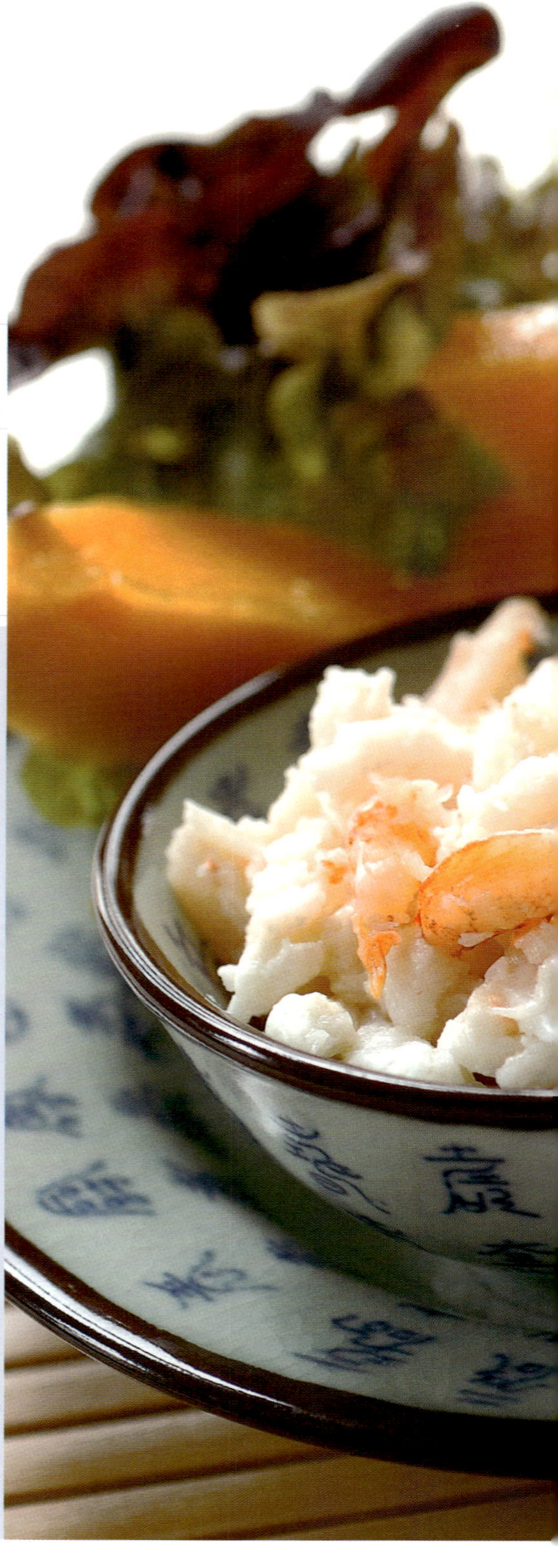

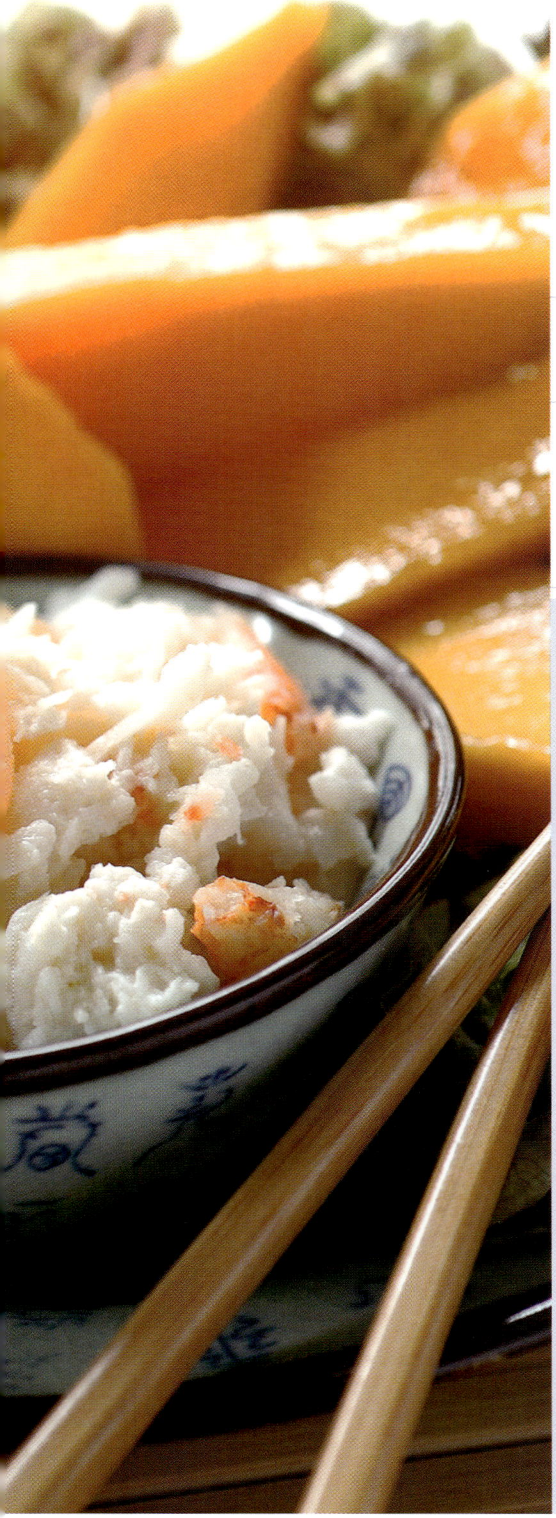

# TERRINE DE CÉLERI

| POUR 6 PERSONNES | PRÉPARATION 20 MINUTES | CUISSON 55 MINUTES |
| --- | --- | --- |

ingrédients

1 kg de purée de céleri surgelée • 1 grosse pomme de terre à purée • 6 œufs • 50 g de comté • 1 cuillerée à café de cumin • Sel, poivre du moulin

**INFO SANTÉ**

Les terrines de légumes, que l'on peut faire avec des carottes, du chou-fleur, des brocolis par exemple, sont beaucoup plus légères que les quiches et tartes salées. Les œufs qu'elles contiennent remplacent une portion de viande. Il suffit donc de compléter le repas avec une crudité et un laitage.

**• DANS UN MENU •**

Terrine de céleri
Salade frisée à l'échalote
Petits-suisses
Compote pommes-pruneaux

Préchauffez le four à 150-180 °C (th. 5/6). Faites décongeler la purée dans une poêle ou une casserole. Épluchez et faites cuire la pomme de terre à l'eau. Réduisez-la en purée à l'aide d'une fourchette. Dans un saladier, battez les œufs en omelette. Ajoutez le comté râpé, le sel, le poivre, le cumin, la purée décongelée et la pomme de terre. Mélangez bien le tout. Rectifiez l'assaisonnement si nécessaire. Versez la préparation dans un grand moule à cake antiadhésif. Enfournez 30 à 40 minutes environ. Sortez la terrine du four. Laissez-la refroidir.

# LIMANDE À L'ANETH

| POUR 4 PERSONNES | PRÉPARATION | CUISSON | RÉFRIGÉRATION |
| --- | --- | --- | --- |
| | 10 MINUTES | 10 MINUTES | — |

INGRÉDIENTS

600 g de filets de limande • 1 cuillerée à café de Maïzena • 150 ml de crème liquide à 15 % de matière grasse • 1/2 citron • 1 branche d'aneth • Sel, poivre du moulin

### INFO SANTÉ

LA CRÈME FRAÎCHE ALLÉGÉE (5 À 15 % DE MATIÈRE GRASSE) DONNE DE LA SAVEUR ET DE L'ONCTUOSITÉ À VOS ASSAISONNEMENTS SANS APPORTER BEAUCOUP DE CALORIES. LA CRÈME (NORMALE OU ALLÉGÉE) CONTENANT TRÈS PEU DE CALCIUM, ELLE NE VOUS DISPENSE PAS DE CONSOMMER UN PRODUIT LAITIER AU COURS DU REPAS.

### • DANS UN MENU •

Carottes râpées au citron
Limande à l'aneth
Spaghettis aux épinards
Fromage à tartiner

Faites cuire le poisson en papillote ou à la vapeur 3 à 4 minutes.
Dans une casserole, délayez la Maïzena avec la crème, le jus de citron et l'aneth ciselé.
Salez, poivrez.
Faites chauffer sur feu doux 5 minutes environ.
Servez le poisson et la sauce à part.

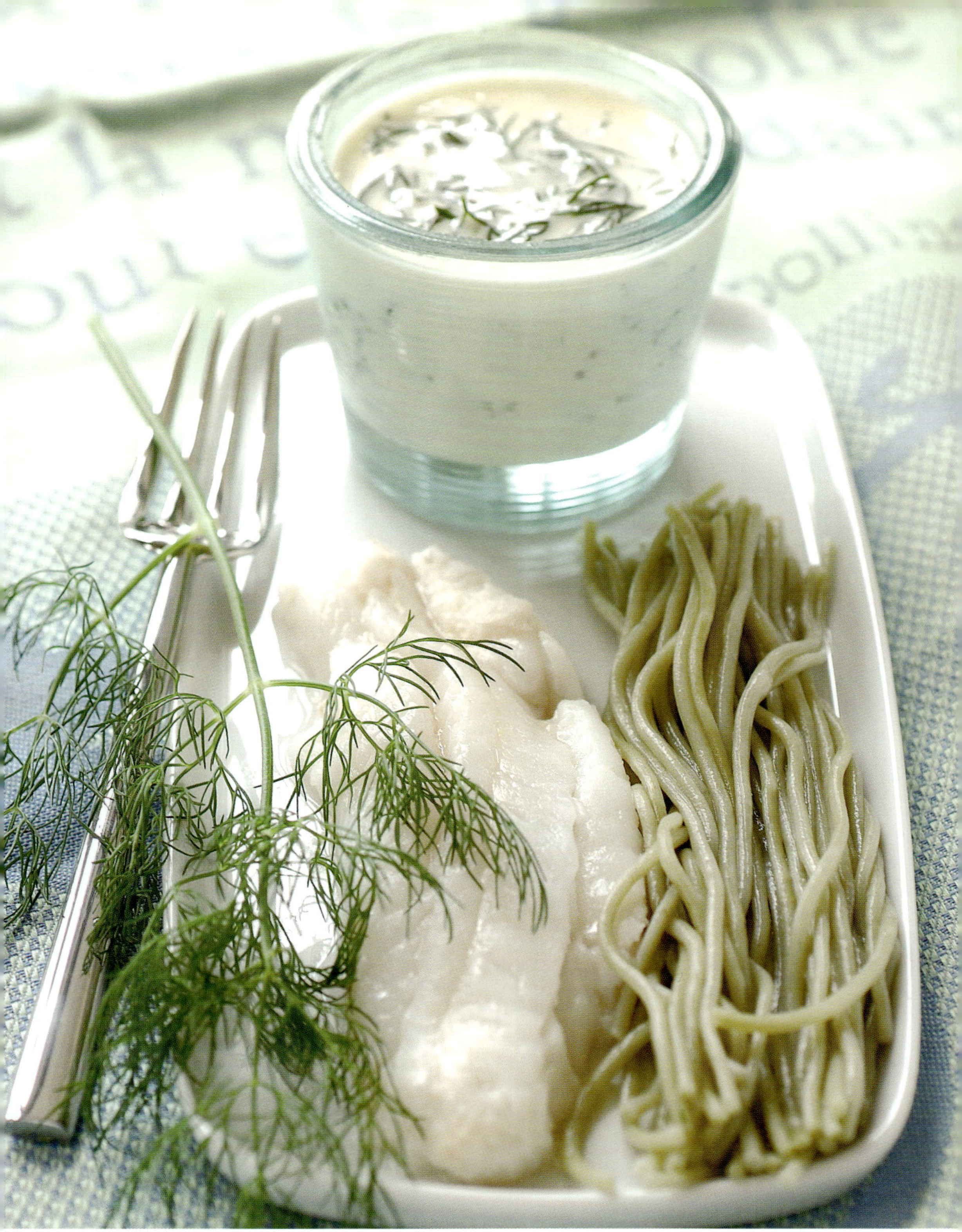

# DAURADE À LA MAROCAINE

| POUR 4 PERSONNES | PRÉPARATION | CUISSON | RÉFRIGÉRATION |
|---|---|---|---|
| | 15 MINUTES | 20 à 35 MINUTES | / |

INGRÉDIENTS

1 grosse daurade de 2 kg ou 4 petites (royales ou grises) • 2 cuillerées à soupe d'huile d'olive • 150 g d'olives vertes dénoyautées • 1 cuillerée à café de curcuma • 5 gousses d'ail • 2 citrons • 1 botte de coriandre • Sel, poivre du moulin

### INFO SANTÉ

MÊME DANS LE CADRE D'UNE LIMITATION DE LA PRISE DE POIDS, LES MATIÈRES GRASSES RESTENT ESSENTIELLES TOUT AU LONG DE LA GROSSESSE. ELLES CONTIENNENT EN EFFET DES ACIDES GRAS INDISPENSABLES À LA CROISSANCE DU BÉBÉ ET DES VITAMINES (A, D, E) : PRÉVOYEZ DONC TOUJOURS UN FILET D'HUILE OU UNE NOISETTE DE BEURRE POUR L'ASSAISONNEMENT.

### • DANS UN MENU •

Daurade à la marocaine
Petits pois à la menthe
Yaourt velouté
Salade d'orange
et pomélo

Déposez le poisson écaillé et vidé dans un plat à gratin. Arrosez d'huile d'olive. Salez, poivrez. Ajoutez les olives, le curcuma, les gousses d'ail non épluchées, les citrons pelés à vif, épépinés et découpés en rondelles, la coriandre ciselée et 200 millilitres d'eau. Faites cuire à four chaud à 180 °C (th. 6) pendant 20 à 35 minutes selon la taille du poisson.

### BON À SAVOIR

VOUS TROUVEREZ LE CURCUMA DANS LES ÉPICERIES ORIENTALES ET ASIATIQUES OU EN GRANDES SURFACES.

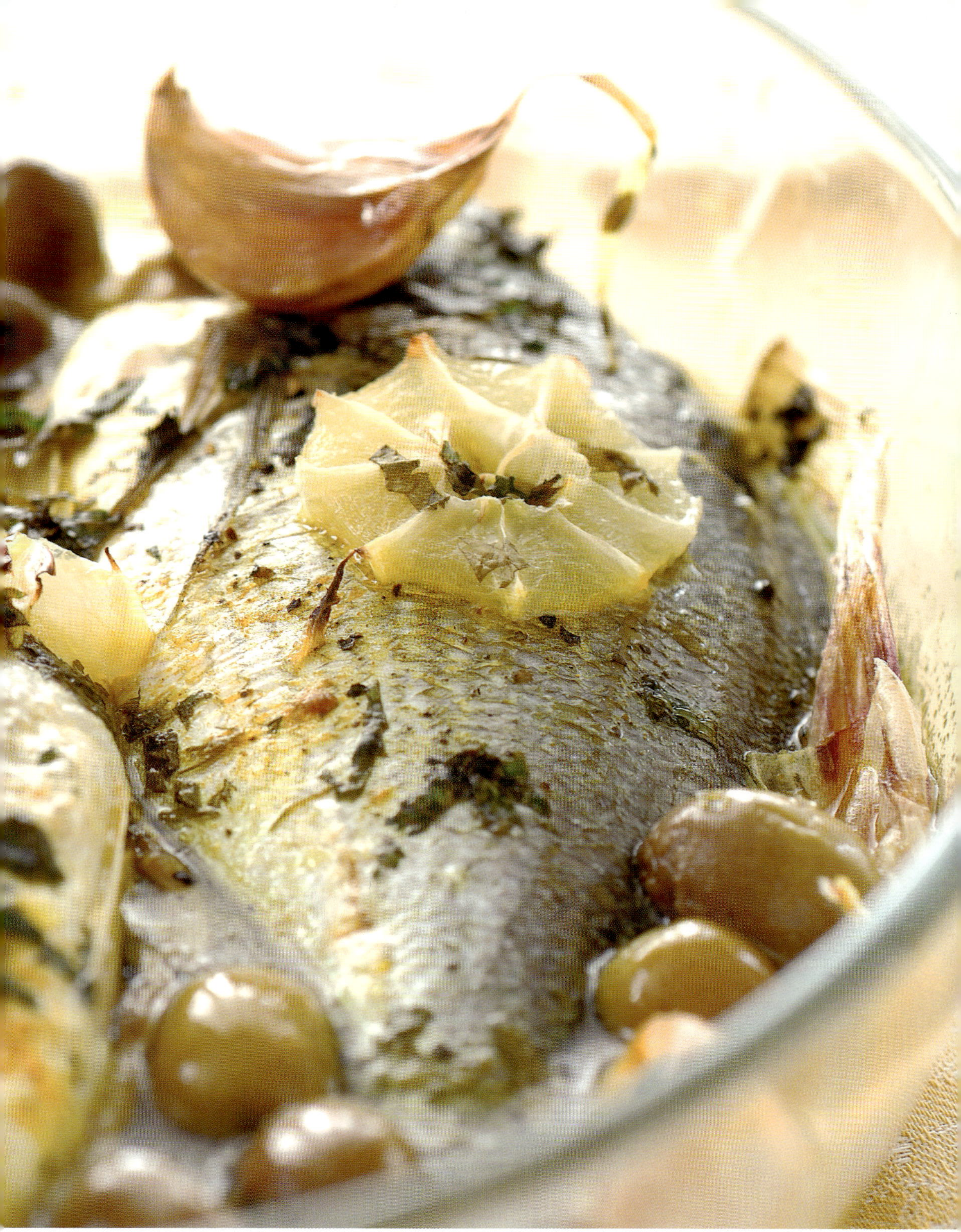

# POULET AU CIDRE

POUR 4 PERSONNES

PRÉPARATION 10 MINUTES

CUISSON 55 MINUTES

INGRÉDIENTS

1 poulet coupé en 8 morceaux • 2 échalotes • 1 cuillerée à soupe d'huile • 3 pommes reine des reinettes ou gala • 25 cl de cidre brut • 1 citron • Quelques brins de cerfeuil • Sel, poivre du moulin

### INFO SANTÉ

SI ALCOOL ET GROSSESSE NE FONT PAS BON MÉNAGE, ON PEUT CEPENDANT UTILISER DU VIN, DE LA BIÈRE OU DU CIDRE POUR CUISINER. L'ALCOOL S'ÉVAPORE EN EFFET AU COURS DE LA CUISSON ET IL NE RESTE QUE DES ARÔMES, SANS DANGER POUR LE BÉBÉ. ÉVITEZ EN REVANCHE L'AJOUT D'ALCOOL DANS LES SALADES DE FRUITS OU LES COCKTAILS.

### • DANS UN MENU •

Salade de tomates et concombres
Poulet au cidre
Purée de céleri
Fromage frais

Dans une cocotte, faites revenir les morceaux de poulet et les échalotes dans l'huile chaude.
Retirez la graisse rejetée par le poulet.
Ajoutez les pommes entières non pelées, le cidre et le jus du citron.
Salez, poivrez.
Faites cuire à couvert à feu moyen 45 minutes.
Servez le poulet parsemé de cerfeuil ciselé.

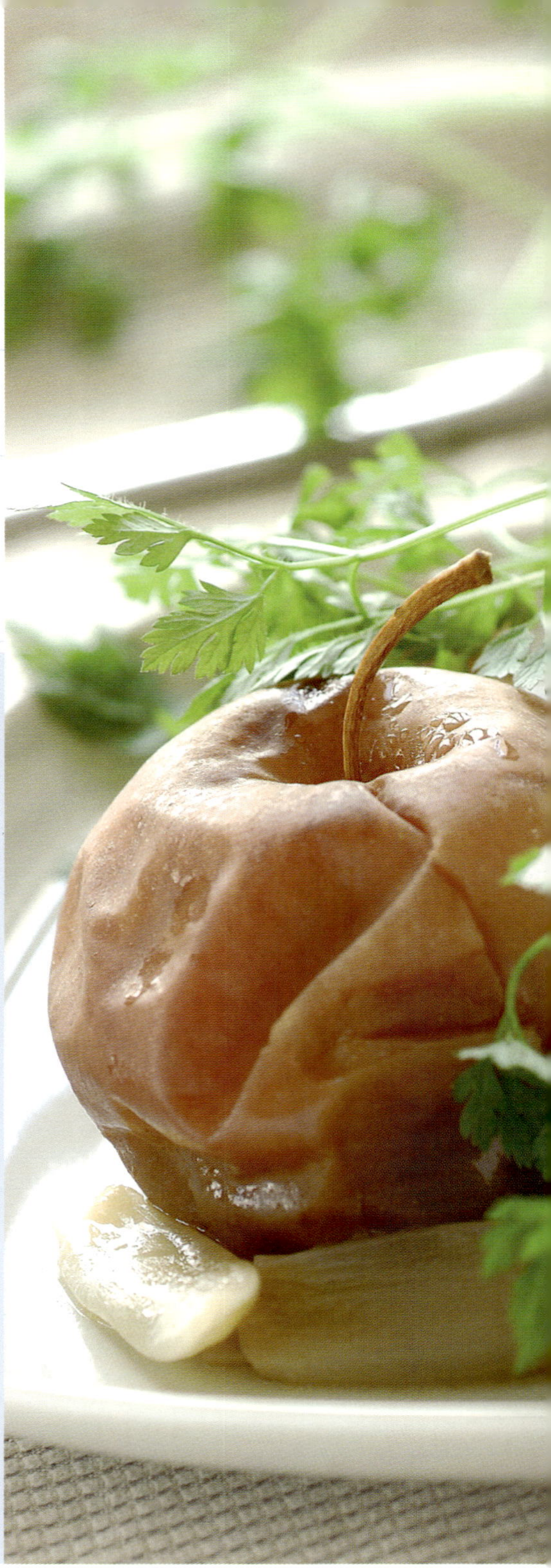

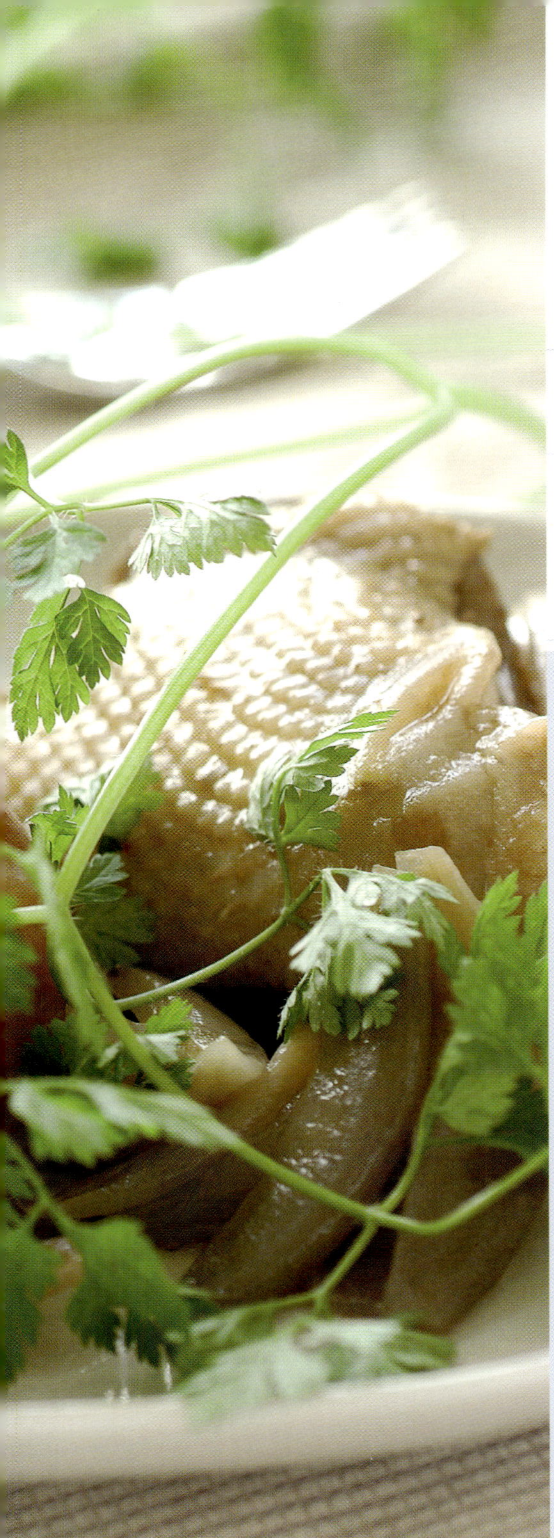

# PAVÉ DE BICHE ET SON CHOU ROUGE

POUR 4 PERSONNES

PRÉPARATION 20 MINUTES

CUISSON 2h30

Ingrédients

1 oignon • 1 cuillerée à soupe + 1 cuillerée à café d'huile d'olive • 1 chou rouge • 2 cuillerées à soupe de vinaigre de Xérès • 1 pomme • 100 ml de vin rouge • 400 g de marrons cuits • 4 pavés de biche • Sel, poivre du moulin

### INFO SANTÉ

LE GIBIER (BICHE, MARCASSIN...) EST PAUVRE EN MATIÈRE GRASSE, MAIS BIEN POURVU EN PROTÉINES ET EN FER. PAR MESURE D'HYGIÈNE, NE CONSOMMEZ PAS DE VIANDE « FAISANDÉE », MAIS DU GIBIER FRAIS (EN BOUCHERIE OU SURGELÉ). ATTENTION AUX SAUCES, SOUVENT GRASSES ; PRÉFÉREZ LA VIANDE RÔTIE OU MIJOTÉE AVEC UN PEU DE VIN.

### • DANS UN MENU •

**Pavé de biche et son chou rouge**
**Salade de laitue, dés de fromage de chèvre**
**Ananas frais**

Émincez l'oignon. Faites-le revenir dans une cocotte avec 1 cuillerée à soupe d'huile d'olive.

Coupez grossièrement le chou rouge en lamelles. Ébouillantez-le. Égouttez-le et déposez-le dans la cocotte. Arrosez-le de vinaigre pour qu'il retrouve sa couleur. Ajoutez la pomme épluchée et râpée. Salez, poivrez. Laissez cuire à couvert à feu doux au moins 2 heures en remuant de temps en temps. À mi-cuisson, ajoutez le vin. En fin de cuisson, ajoutez les marrons et mélangez. Rectifiez l'assaisonnement. Versez un peu d'huile dans une poêle antiadhésive. Faites cuire les pavés de biche selon votre goût. Servez la viande accompagnée du chou rouge.

# CRÈME LÉGÈRE À LA VANILLE

| POUR 6 PERSONNES | PRÉPARATION 20 MINUTES | CUISSON 15 MINUTES | RÉFRIGÉRATION 3 HEURES |
|---|---|---|---|

INGRÉDIENTS

6 feuilles de gélatine • 1 l de lait demi-écrémé • 1 gousse de vanille • 8 jaunes d'œufs • 6 cuillerées à soupe d'aspartame

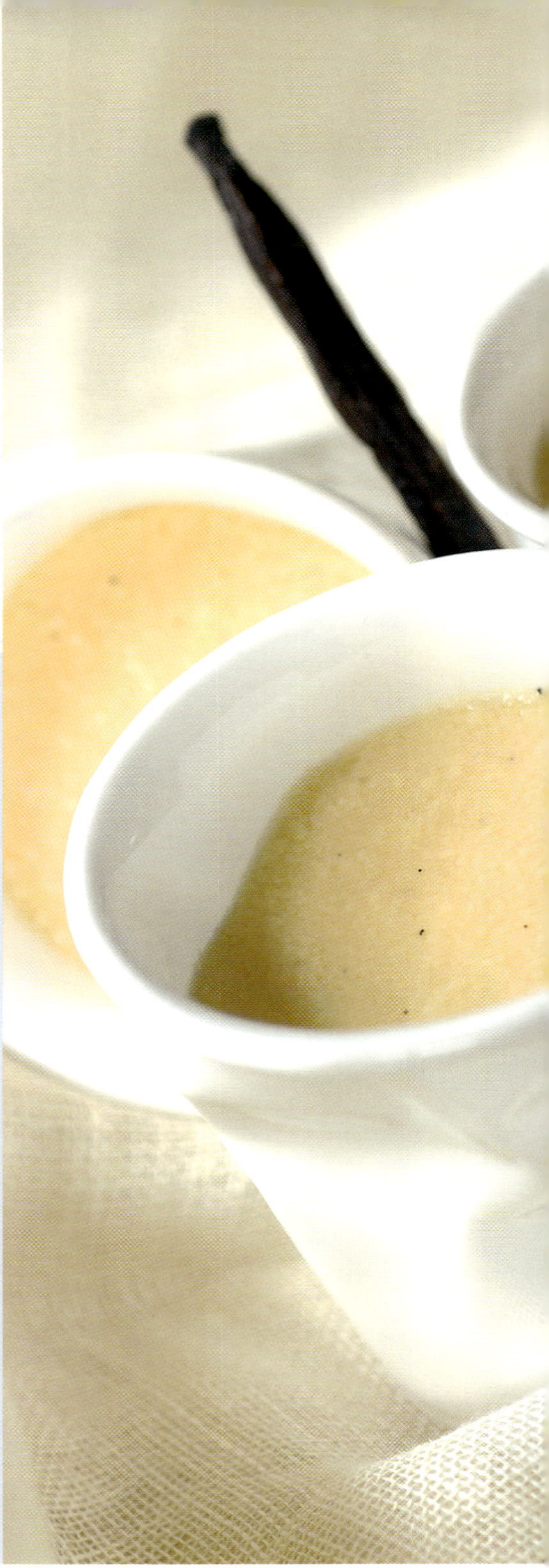

INFO SANTÉ

LES ÉDULCORANTS SONT TRÈS PRATIQUES POUR LIMITER LES APPORTS EN SUCRE, DONC EN CALORIES. PENDANT LA GROSSESSE, UNE CONSOMMATION RAISONNABLE D'ASPARTAME NE PRÉSENTE PAS DE DANGER POUR LE FŒTUS (4 À 5 PETITES PASTILLES OU CUILLERÉES PAR JOUR). POUR LES TARTES, SAUPOUDREZ APRÈS LA CUISSON, CAR L'ASPARTAME PERD SON GOÛT SUCRÉ AU-DELÀ DE 120 °C.

• DANS UN MENU •

Salade de riz complet et poivron
Espadon grillé, coulis de tomates
Aubergines sautées à l'ail
Crème légère à la vanille

Placez la gélatine dans un grand bol d'eau à température ambiante. Faites chauffer le lait 5 minutes avec la gousse de vanille fendue en deux. Battez les jaunes d'œufs en omelette dans un saladier. Ajoutez le lait tiédi tout en remuant. Enlevez la gousse de vanille. Versez le mélange dans la casserole. Faites épaissir légèrement sur feu moyen en tournant constamment avec une spatule en bois. Retirez du feu. Égouttez la gélatine entre vos mains et placez-la dans la casserole. Mélangez. Laissez tiédir. Incorporez l'aspartame. Versez dans un saladier ou dans des ramequins. Couvrez de film alimentaire et réfrigérez au moins 3 heures.

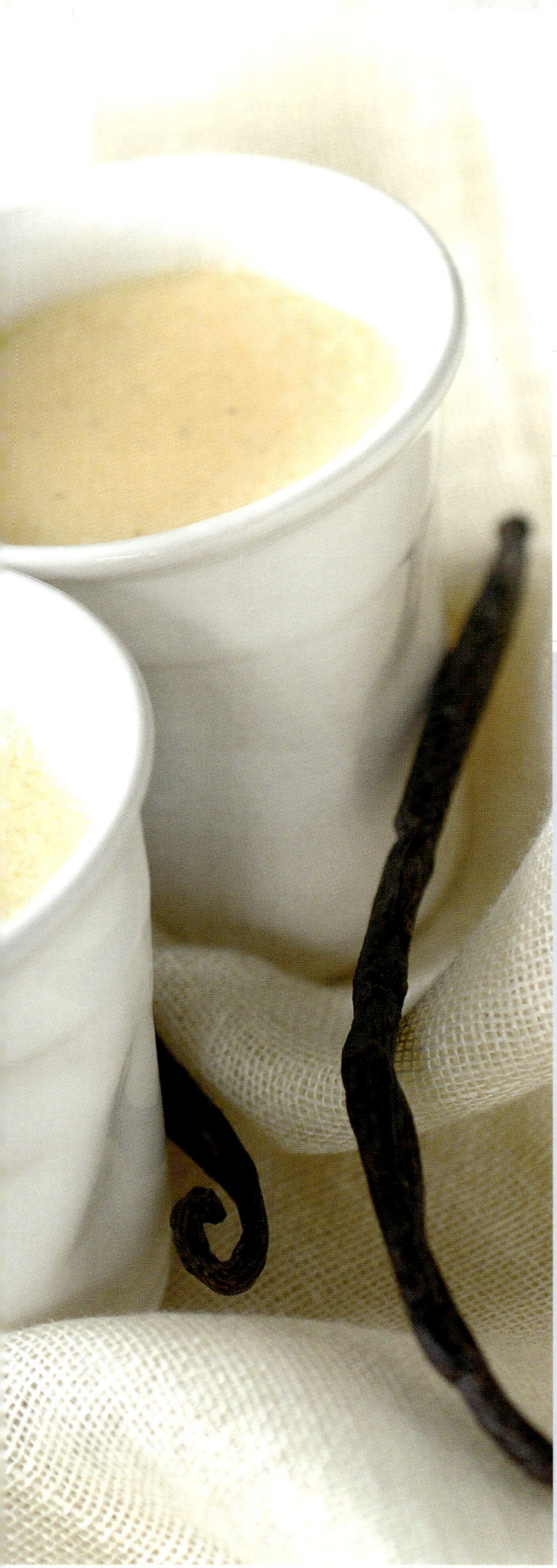

# CARPACCIO DE POMÉLOS AUX FRAMBOISES

| POUR 4 PERSONNES | PRÉPARATION 15 MINUTES | CUISSON / | RÉFRIGÉRATION 1 HEURE |
|---|---|---|---|

INGRÉDIENTS

2 pomélos roses • 2 pomélos jaunes
• 1 cuillerée à soupe de miel
• 100 g de framboises

**INFO SANTÉ**

LES DESSERTS À BASE DE FRUITS SONT LES BIENVENUS PENDANT LA GROSSESSE : RICHES EN VITAMINE C (ANTIFATIGUE), ILS RASSASIENT DE FAÇON NATURELLE ET CONTIENNENT DES FIBRES DOUCES, QUI ÉQUILIBRENT LE TRANSIT INTESTINAL. LÉGERS EN CALORIES, ILS SONT ADAPTÉS À TOUTES CELLES QUI SURVEILLENT LEUR PRISE DE POIDS.

**• DANS UN MENU •**

Cuisses de dinde mijotées aux oignons
Carottes Vichy
Camembert
Carpaccio de pomélos aux framboises

Pelez les pomélos à vif puis ôtez les quartiers en enlevant la peau blanche qui les sépare. Déposez-les dans un saladier. Versez le miel. Mélangez. Couvrez de film alimentaire et placez au réfrigérateur 1 heure environ.
Au moment de servir, disposez les pomélos sur un plat.
Décorez avec les framboises.

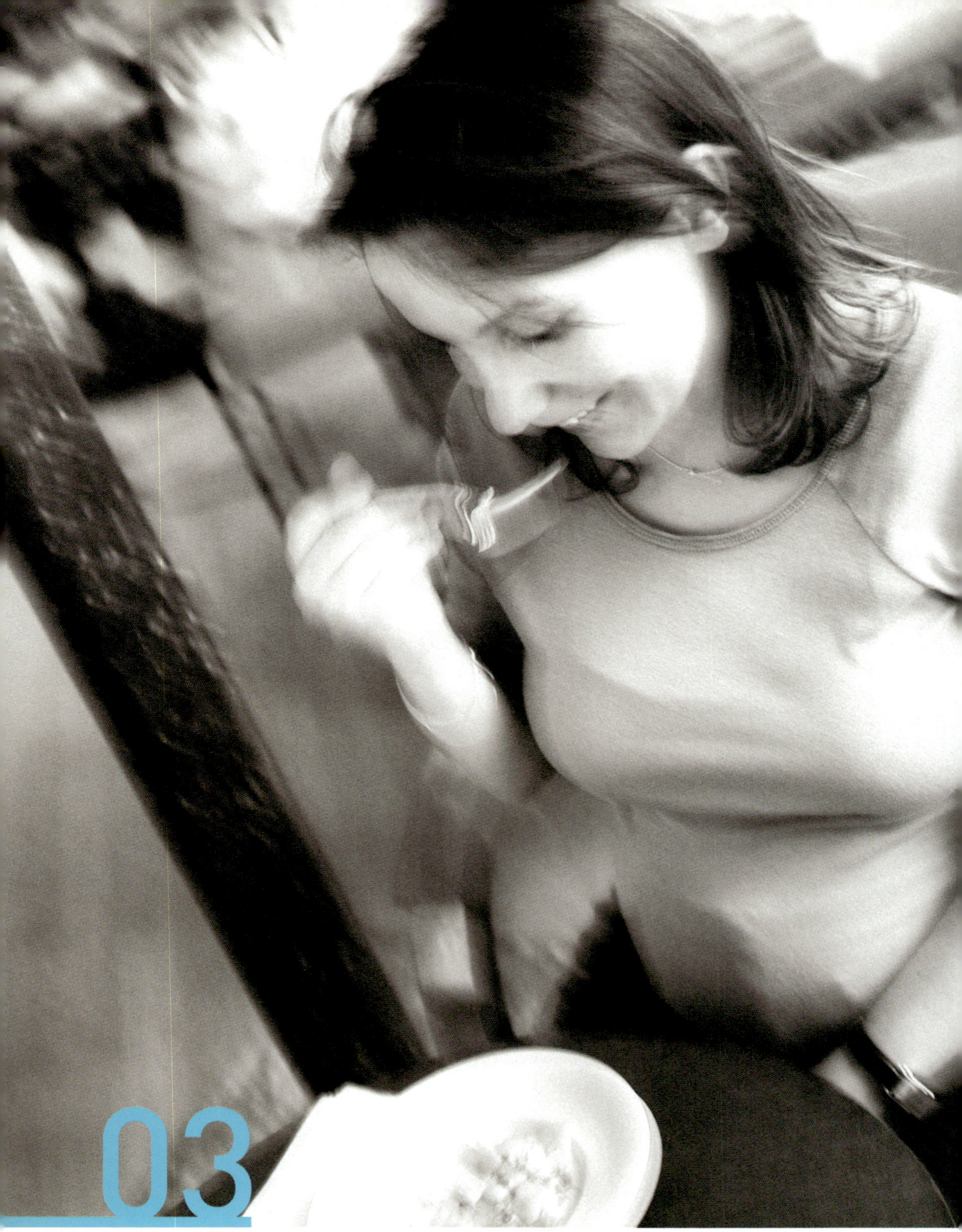

# 03

# MOINS DE SEL,

Les régimes sans sel très stricts sont aujourd'hui tombés en désuétude... Néanmoins, la rétention d'eau, très courante pendant la grossesse, impose une limitation modérée des apports en sel. Pour stimuler le fonctionnement rénal et atténuer l'impression de jambes lourdes ou même l'apparition d'œdèmes, voici quelques règles très simples à appliquer :

- Salez très peu pendant la cuisson et n'ajoutez pas de sel à table. Compensez avec des herbes et des épices pour donner du goût.
- Évitez les aliments riches en sodium : la charcuterie (y compris le jambon), les chips, les biscuits apéritifs, les olives, les plats tout prêts du commerce, les aides culinaires (bouillon en cube, croûtons...).
- Limitez la consommation de fromage à une portion par jour, en comptant également les fromages inclus dans les plats (pâtes au gruyère, pizza...) et compensez avec des yaourts et du fromage blanc, beaucoup moins salés.
- Les fruits et légumes, riches en eau et en potassium, ont un effet diurétique naturel : consommez-en à chaque repas.
- Attention à certaines eaux gazeuses, à forte teneur en sodium. Préférez l'eau plate et buvez-en 1,5 à 2 litres chaque jour.

LA SAVEUR EN PLUS

# SALADE DE POIRES AUX AVOCATS

| POUR 4 PERSONNES | PRÉPARATION 15 MINUTES | CUISSON / |
| --- | --- | --- |

INGRÉDIENTS

2 avocats • 2 citrons verts • 2 poires • 1 citron jaune • 3 cuillerées à soupe d'huile d'olive • 200 g de mesclun • 30 g de pignons de pin • Poivre du moulin

### INFO SANTÉ

POUR DONNER DU GOÛT AUX SALADES, MÊME SANS AJOUTER DE SEL, PENSEZ AU CITRON, AU VINAIGRE, AUX HERBES FRAÎCHES (PERSIL, CIBOULETTE...) AINSI QU'AUX GRAINES OLÉAGINEUSES (PIGNONS DE PIN, NOIX, AMANDES, NOISETTES, ARACHIDES...). DE PLUS, CHOISISSEZ DES HUILES VIERGES, CAR ELLES ONT PLUS DE GOÛT : OLIVE, SÉSAME, NOIX...

### • DANS UN MENU •

Salade de poires aux avocats
Rôti de veau au romarin
Pommes de terre au four
Yaourt aux fruits

Coupez les avocats en deux puis en quatre. Ôtez les noyaux et la peau. Émincez les quartiers, arrosez-les aussitôt avec le jus de 1 citron vert. Épluchez les poires et coupez-les en fines tranches. Arrosez avec le jus du citron vert restant. Mélangez le jus du citron jaune avec l'huile d'olive. Poivrez. Assaisonnez le mesclun. Déposez la salade sur un plat. Disposez dessus les poires et les avocats. Répartissez les pignons.

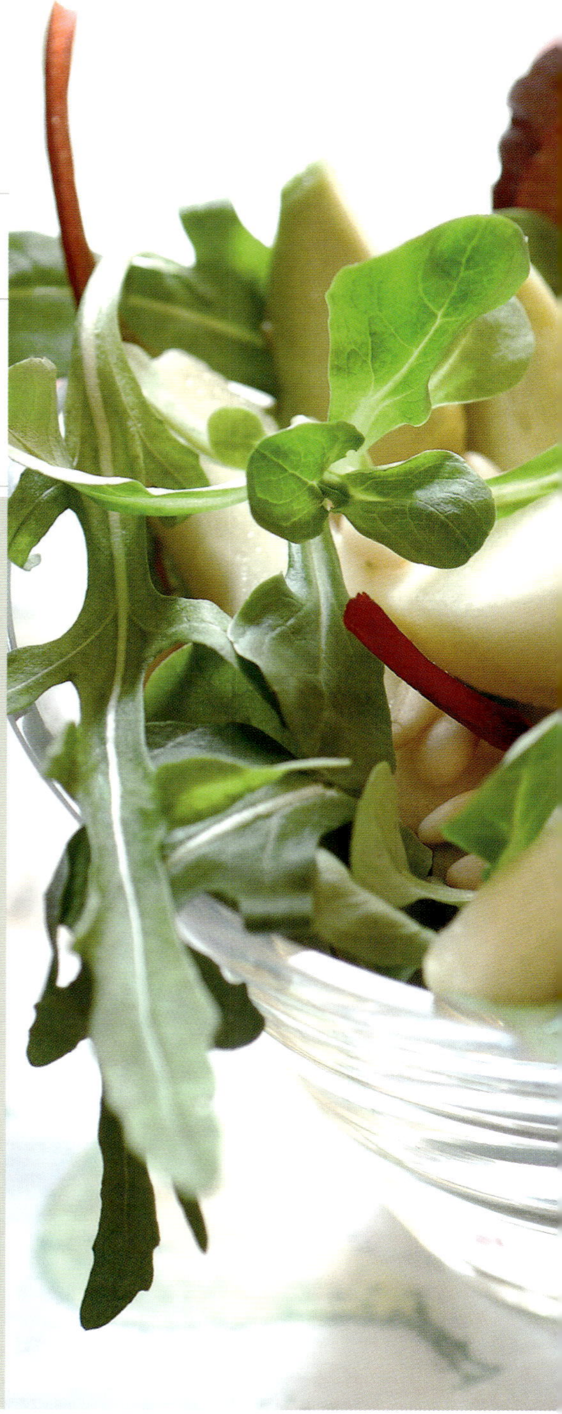

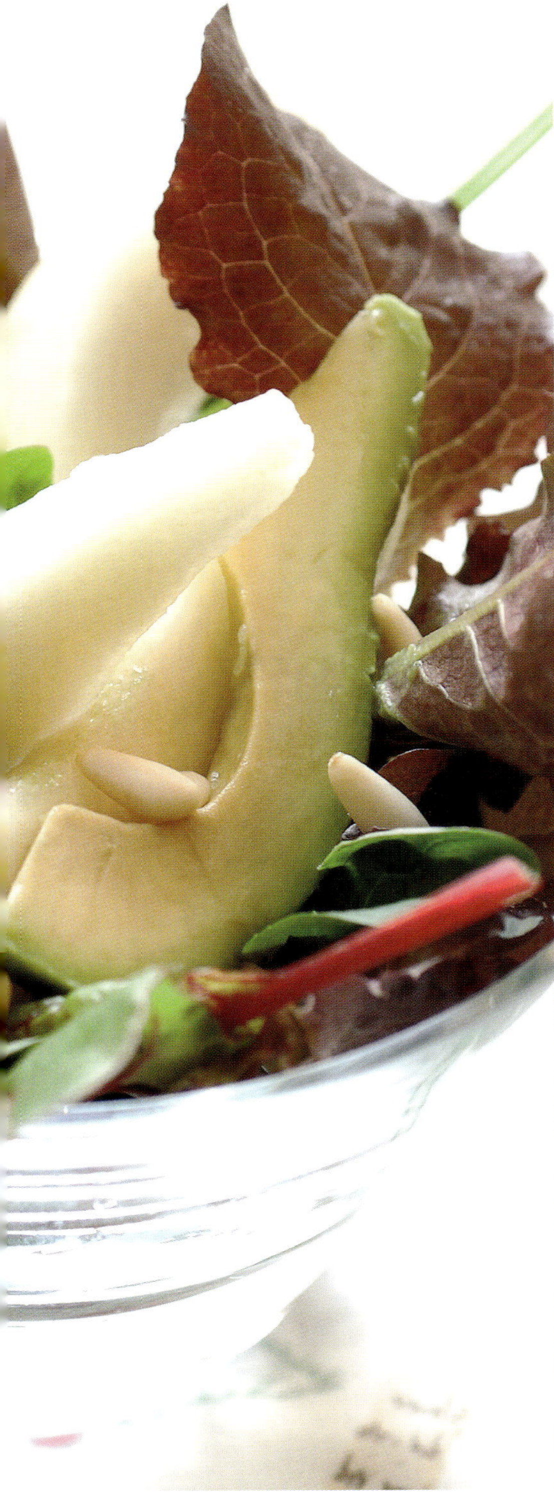

# TERRINE DE POISSON

| POUR 4 PERSONNES | PRÉPARATION 15 MINUTES | CUISSON 35 MINUTES | RÉFRIGÉRATION 24 HEURES |
|---|---|---|---|

INGRÉDIENTS

500 g de filets de poisson blanc : perche, cabillaud ou lieu • 3 œufs • 20 cl de crème fraîche à 15 % de matière grasse
• 1 bouquet de basilic (ou autres herbes fraîches)
• Poivre du moulin

### INFO SANTÉ

LES HERBES FRAÎCHES DONNENT DU GOÛT À VOS PRÉPARATIONS SANS APPORTER DE SODIUM. BASILIC, CIBOULETTE, PERSIL, CORIANDRE, CERFEUIL OU ESTRAGON SE MARIENT PARFAITEMENT AVEC LES POISSONS, LES VIANDES ET LES LÉGUMES. DE PLUS, ILS APPORTENT DE PRÉCIEUSES VITAMINES.

### • DANS UN MENU •

Salade de fonds d'artichaut et pommes de terre nouvelles
Terrine de poisson, coulis de tomates
Yaourt grec au miel et aux amandes
Nectarine

Déposez tous les ingrédients dans le bol du mixeur. Mixez 5 minutes environ. Rectifiez l'assaisonnement. Graissez un moule à cake de 26 centimètres de long. Versez-y la préparation.
Faites cuire au bain-marie à 150 °C (th. 5) pendant 35 minutes.
Sortez la terrine du four. Laissez-la refroidir. Couvrez d'un film alimentaire et placez-la au réfrigérateur 24 heures.
Cette terrine se mange froide, accompagnée d'un coulis de tomates ou d'un filet d'huile d'olive.

### BON À SAVOIR

EN PLAT PRINCIPAL, DOUBLEZ LES QUANTITÉS.

# FENOUIL À LA CORIANDRE

| POUR 4 PERSONNES | PRÉPARATION | RÉFRIGÉRATION |
|---|---|---|
| | 15 MINUTES | 1 HEURE |

INGRÉDIENTS

4 bulbes de fenouil • 1 citron • 3 cuillerées à soupe d'huile d'olive • 1 botte de coriandre • Poivre du moulin

INFO SANTÉ

SI VOUS DEVEZ MODÉRER LES APPORTS EN SEL, CHOISISSEZ DES LÉGUMES QUI ONT DU GOÛT : ILS NE NÉCESSITENT PAS D'ASSAISONNEMENT PARTICULIER. PENSEZ NOTAMMENT AUX POIVRONS, AUX BROCOLIS, AUX POIS GOURMANDS, AUX ASPERGES VERTES, AUX CAROTTES, AUX POTIMARRONS, AUX NAVETS OU AUX POIREAUX...

• DANS UN MENU •

Fenouil à la coriandre
Dos de cabillaud au four, marinade au curry
Riz complet
Crème au chocolat

Enlevez le premier pétiole des fenouils et coupez-les en tranches fines.
Dans un bol, mélangez le jus du citron et l'huile d'olive. Poivrez. Versez sur le fenouil.
Couvrez d'un film alimentaire et placez au réfrigérateur 1 heure environ.
Juste avant de servir, égouttez le fenouil et déposez-le sur un plat.
Parsemez de coriandre ciselée.

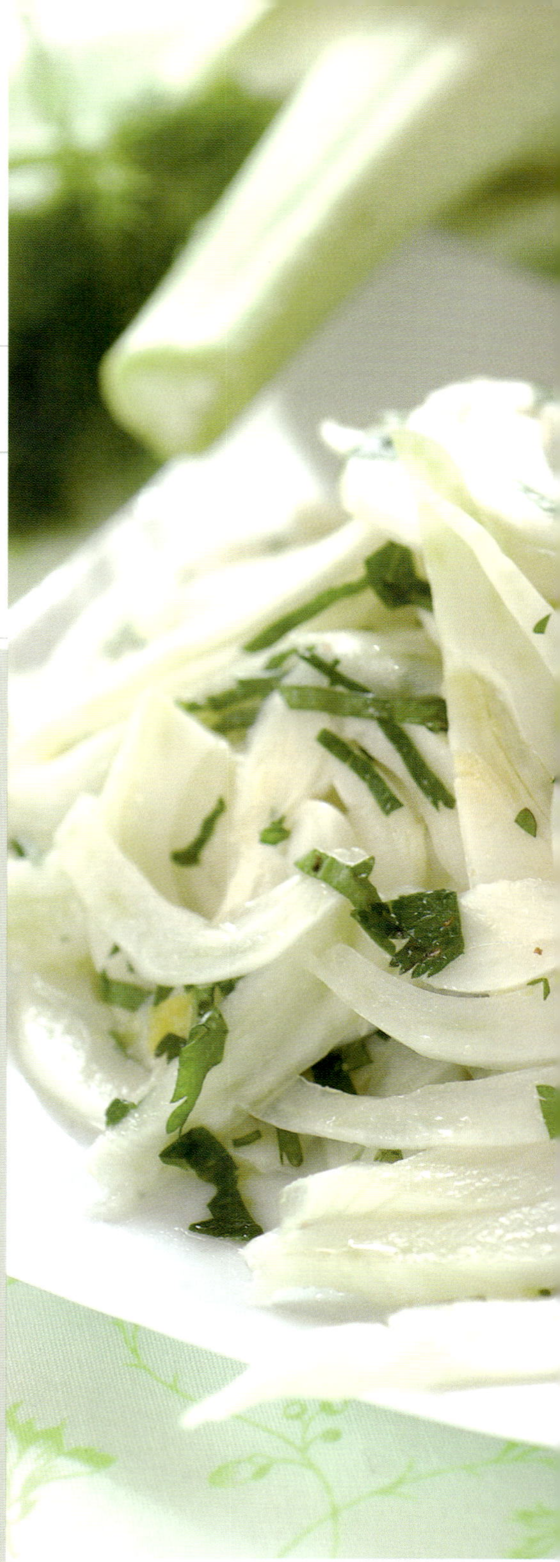

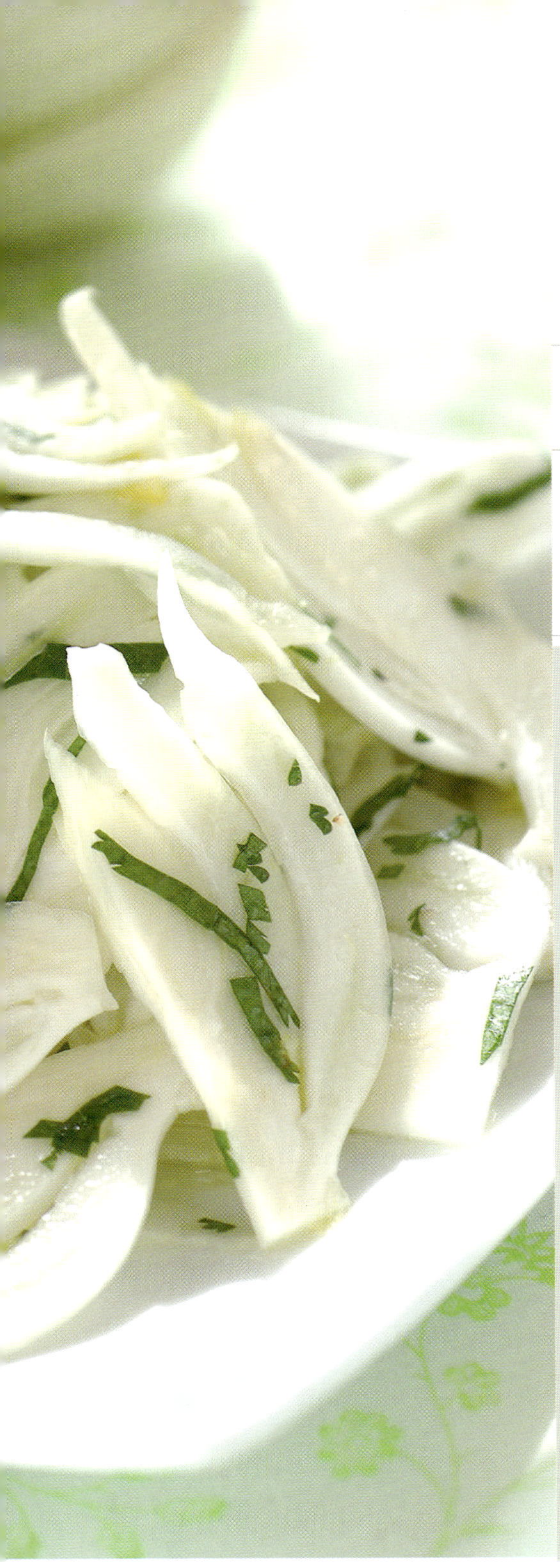

# SALADE TIÈDE DE RAIE À L'HUILE DE NOIX

| POUR 4 PERSONNES | PRÉPARATION 15 MINUTES | CUISSON 30 MINUTES |
| --- | --- | --- |

INGRÉDIENTS

1 carotte • 1 oignon • 1 bouquet garni • 700 g de raie • 1 salade feuille de chêne • 1 cuillerée à soupe de jus de citron • 1 cuillerée à café de moutarde de Meaux • 3 cuillerées à soupe d'huile de noix • 10 cerneaux de noix • Poivre du moulin

**INFO SANTÉ**

ON PEUT UTILISER SANS PROBLÈME DE LA MOUTARDE (EN PETITE QUANTITÉ) ET DU VINAIGRE POUR RÉALISER LES SAUCES, CAR ILS SONT TRÈS PEU SALÉS. ATTENTION EN REVANCHE AUX BOUILLONS DU COMMERCE, AUX SAUCES TOUTES PRÊTES, ET AUX AIDES CULINAIRES D'UNE FAÇON GÉNÉRALE : ILS SONT PRESQUE TOUJOURS TROP RICHES EN SEL.

**• DANS UN MENU •**

Salade tiède de raie à l'huile de noix
Fromage blanc
Tarte aux pommes

Faites chauffer 1 litre d'eau avec la carotte, l'oignon émincé et le bouquet garni. Laissez mijoter 20 minutes. Passez la raie sous l'eau froide et laissez-la cuire 10 minutes dans le court-bouillon à feu très doux. Lavez et essorez la salade. Mélangez le jus de citron, la moutarde et 2 cuillerées à soupe d'huile de noix. Poivrez. Égouttez la raie, ôtez la peau et effeuillez la chair en lamelles le long de l'arête centrale. Assaisonnez la salade, posez les lamelles de poisson dessus et ajoutez les noix. Arrosez avec le reste d'huile de noix.

# ÉMINCÉ DE POULET AU CURRY

| POUR 4 PERSONNES | PRÉPARATION | CUISSON | RÉFRIGÉRATION |
|---|---|---|---|
| | 5 MINUTES | 10 MINUTES | / |

INGRÉDIENTS

600 g de blancs de poulet • 1 boîte de lait de coco de 400 ml • 1 cuillerée à soupe de curry doux • 1/2 botte de coriandre

### INFO SANTÉ

OPTEZ POUR LES RECETTES SUCRÉES-SALÉES : CETTE ASSOCIATION DE SAVEURS PERMET DE LIMITER LES APPORTS EN SEL, SANS NUIRE AU GOÛT. PENSEZ À ASSOCIER LES VIANDES AVEC LES POIRES, LES POMMES OU LES RAISINS. LES POISSONS ET CREVETTES S'ACCORDENT AVEC LES AGRUMES, L'ANANAS OU LA MANGUE PAR EXEMPLE.

### • DANS UN MENU •

Caviar d'aubergines
Émincé de poulet au curry
Riz basmati
Fromage blanc aux framboises

Demandez à votre volailler de laisser les blancs de poulet dans leur épaisseur. Coupez-les en morceaux.
Versez le lait de coco dans une poêle.
Incorporez le curry.
Faites chauffer 5 minutes à feu doux.
Ajoutez les morceaux de poulet.
Poursuivez la cuisson 5 minutes. Saupoudrez de coriandre ciselée.
Rectifiez l'assaisonnement.

### BON À SAVOIR

SURVEILLEZ LA CUISSON, LA VIANDE NE DOIT PAS TROP CUIRE.

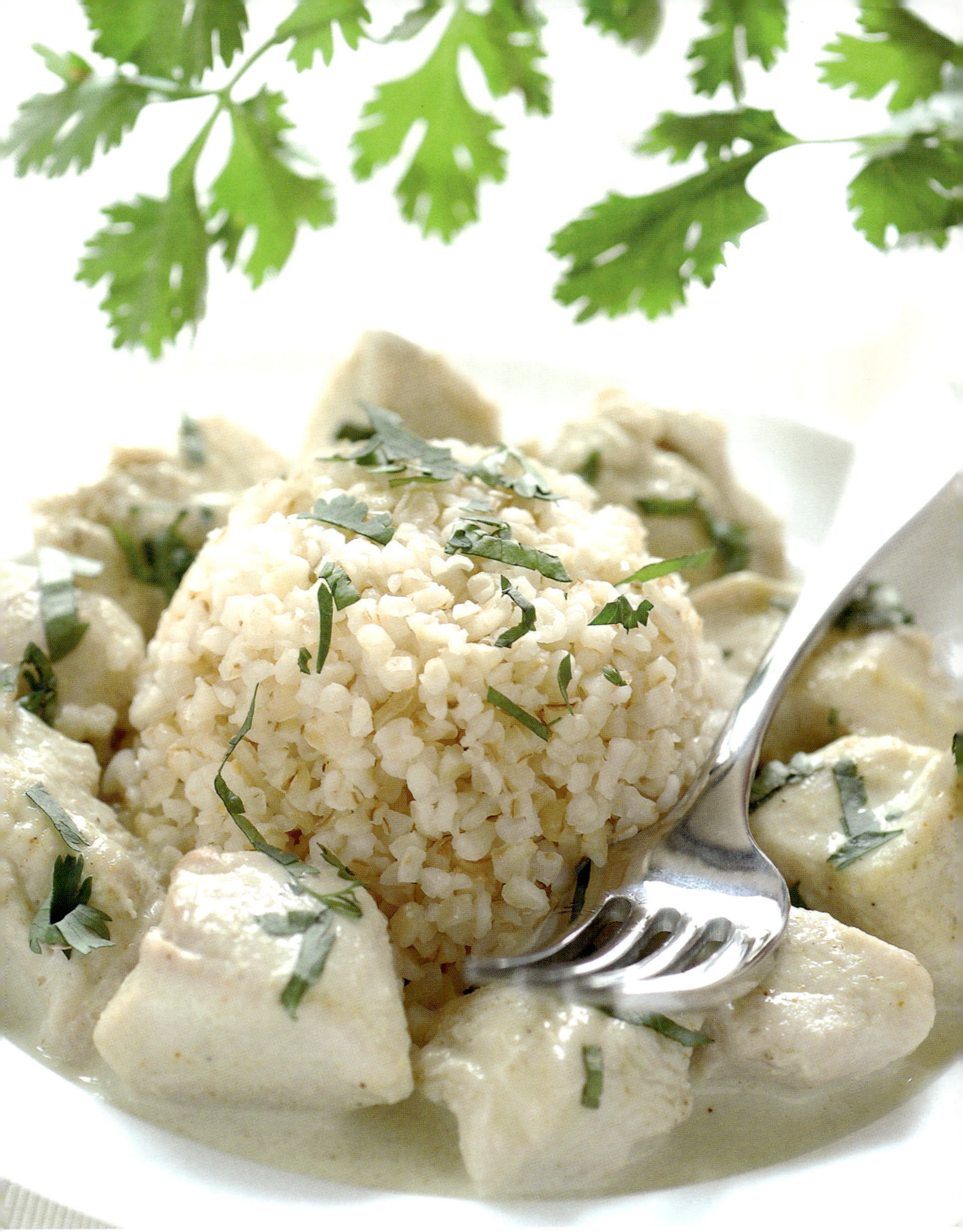

# RISOTTO AUX ASPERGES

| POUR 4 PERSONNES | PRÉPARATION 10 MINUTES | CUISSON 20 MINUTES |
| --- | --- | --- |

INGRÉDIENTS

500 g d'asperges vertes surgelées • 1 cuillerée à soupe d'huile d'olive • 1 oignon • 300 g de riz arborio ou de riz rond • 2 l d'eau ou de bouillon de légumes • 1/2 botte de basilic • Parmesan râpé • Poivre du moulin

**INFO SANTÉ**

LES ASPERGES SONT PAUVRES EN SODIUM, MAIS ELLES APPORTENT DU POTASSIUM ET DE L'EAU, CE QUI LEUR CONFÈRE DES VERTUS DIURÉTIQUES. DE PLUS, ELLES CONTIENNENT DES SUBSTANCES ORIGINALES QUI STIMULENT LA FONCTION RÉNALE ET PERMETTENT DE LUTTER DE FAÇON NATURELLE CONTRE LA RÉTENTION D'EAU.

**• DANS UN MENU •**

Melon
Risotto aux asperges
Escalope de veau à la crème
Sorbet à la fraise

Faites cuire les asperges et coupez-les en morceaux.
Chauffez l'huile dans une cocotte et faites-y revenir l'oignon émincé.
Ajoutez le riz. Remuez avec une spatule en bois. Laissez cuire 5 minutes.
Mouillez avec une louche d'eau ou de bouillon, poivrez et remuez jusqu'à absorption complète.
Répétez l'opération louche par louche jusqu'à ce que le riz soit cuit et ait absorbé tout le bouillon.
Réchauffez les asperges 2 minutes au micro-ondes.
Déposez-les sur le risotto. Parsemez de basilic ciselé et de parmesan.

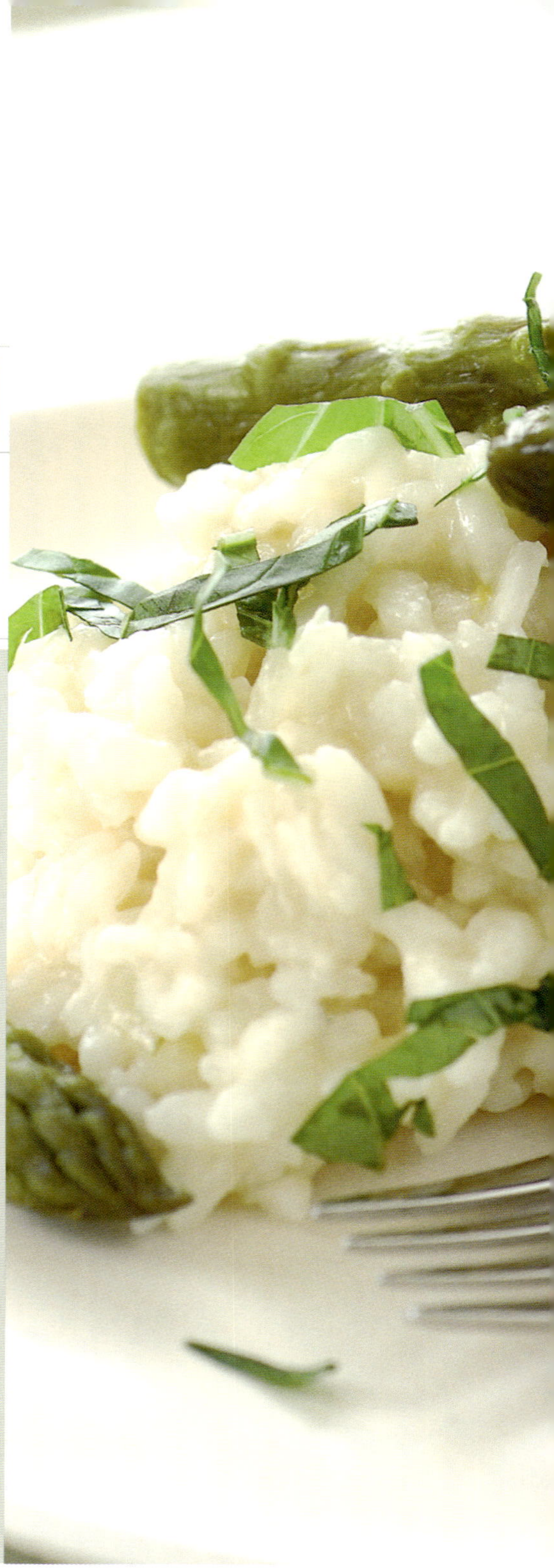

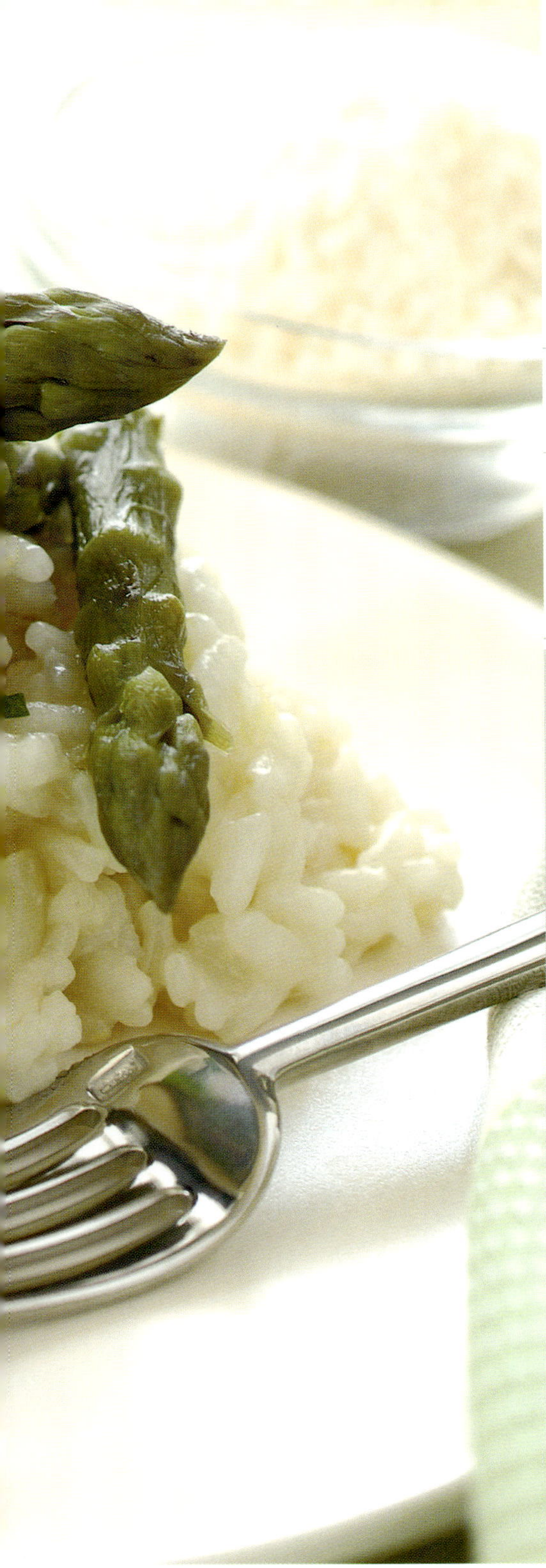

# JARRET DE VEAU AUX CAROTTES

| POUR 4 PERSONNES | PRÉPARATION 15 MINUTES | CUISSON 2 HEURES |
| --- | --- | --- |

INGRÉDIENTS

1 kg de jarret de veau coupé en morceaux
• 1 cuillerée à soupe d'huile d'olive • 800 g de tomates concassées • 500 g de carottes
• 1 branche de céleri • 2 oignons • 2 gousses d'ail
• 1 feuille de laurier • 2 branches de thym
• 1 orange • 100 ml de vin blanc • Poivre du moulin

**INFO SANTÉ**

LES VIANDES MIJOTÉES SE CHARGENT DE SAVEURS TOUT AU LONG DE LA CUISSON. FAITES BIEN RÉDUIRE LA SAUCE AVANT DE SERVIR, POUR CONCENTRER PARFAITEMENT LES ARÔMES. LA CUISSON AU FOUR (POISSON AUX TOMATES, ÉPAULE D'AGNEAU AUX POMMES DE TERRE...) OU EN TAJINE (POULET AU CITRON, AGNEAU AUX AUBERGINES...) PRÉSENTE LES MÊMES AVANTAGES.

**• DANS UN MENU •**

Radis noir
à la vinaigrette
Jarret de veau
aux carottes
Gâteau de semoule
aux abricots

Dans une cocotte, faites revenir les morceaux de viande quelques minutes dans l'huile chaude.
Ajoutez les tomates concassées, les carottes en rondelles fines, le céleri en petits tronçons, les oignons émincés, l'ail épluché, le laurier, le thym, le jus de l'orange et le vin. Poivrez.
Laissez cuire au moins 2 heures.

# MOUSSE AU CITRON

| POUR 4 PERSONNES | PRÉPARATION | CUISSON | RÉFRIGÉRATION |
|---|---|---|---|
| | 15 MINUTES | 5 MINUTES | 3 HEURES |

INGRÉDIENTS

2 feuilles de gélatine • 4 œufs • 60 g de sucre en poudre • 3 citrons moyens non traités

### INFO SANTÉ

LES ENTREMETS (CRÈMES, MOUSSES...) PRÉSENTENT L'AVANTAGE DE NE PAS CONTENIR DE SEL. OPTEZ POUR LES DESSERTS RICHES EN FRUITS (OU JUS DE FRUITS, COMME DANS CETTE MOUSSE), ILS ONT UNE FORTE TENEUR EN POTASSIUM ET EN EAU, DEUX NUTRIMENTS QUI FAVORISENT LE BON FONCTIONNEMENT DES REINS.

### • DANS UN MENU •

Salade de blé aux poivrons
Filet de lieu en papillote
Tomates sautées au thym frais
Mousse au citron

Déposez la gélatine dans un bol d'eau à température ambiante.
Dans une casserole, délayez les jaunes d'œufs et le sucre.
Ajoutez le zeste et le jus des citrons.
Faites épaissir à feu moyen en tournant constamment avec une spatule en bois jusqu'à épaississement, 5 minutes environ.
Incorporez la gélatine préalablement égouttée entre vos mains.
Montez les blancs d'œufs en neige ferme.
Ajoutez-les délicatement à la préparation.
Versez le tout dans un saladier. Recouvrez de film alimentaire et placez au réfrigérateur pendant au moins 3 heures.

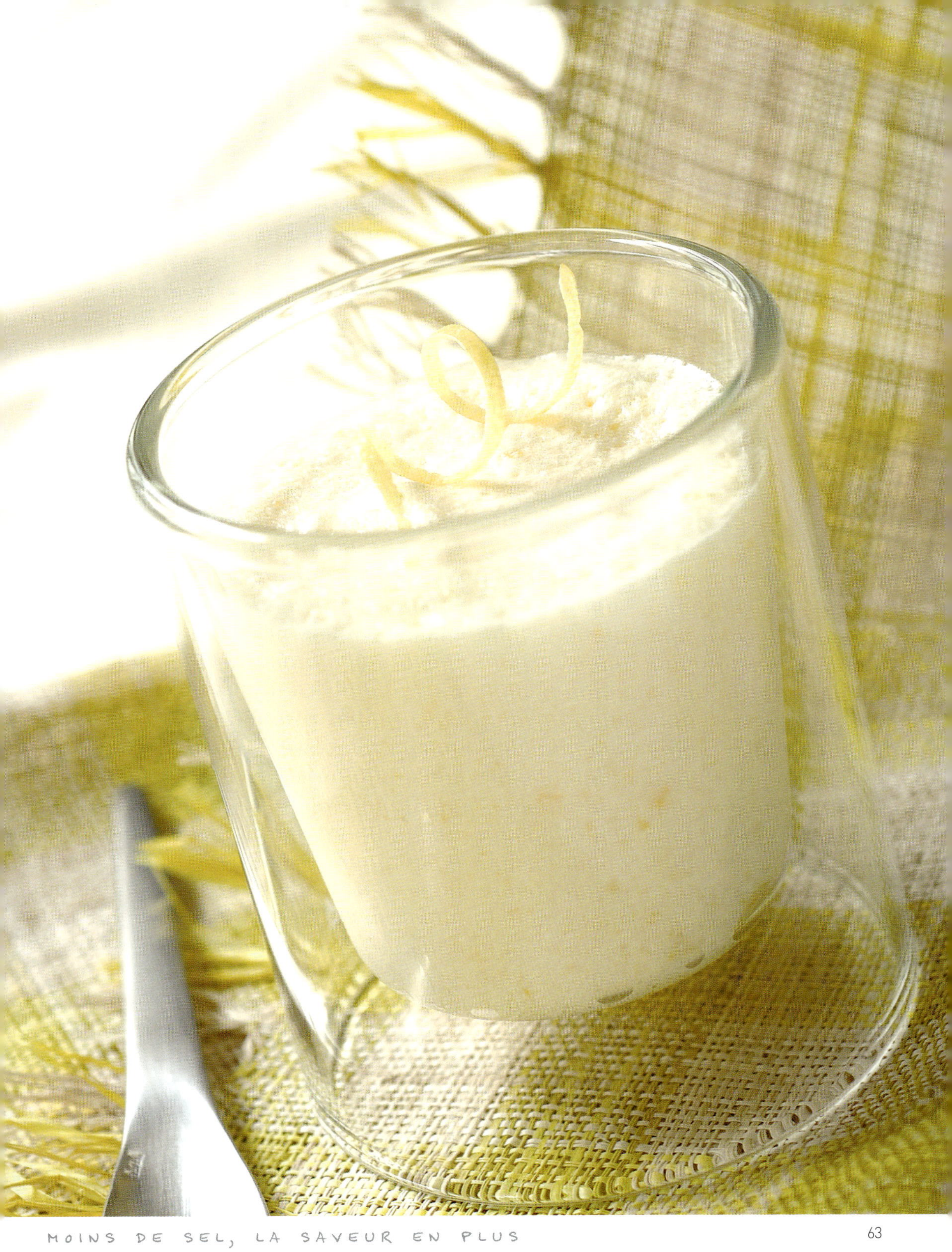

# CRUMBLE POMMES-NOISETTES

| POUR 4 PERSONNES | PRÉPARATION | CUISSON | RÉFRIGÉRATION |
|---|---|---|---|
| | 20 MINUTES | 35 MINUTES | — |

INGRÉDIENTS

1,5 kg de pommes boskoop ou reinette du Canada • 125 g de farine de blé complète • 50 g de beurre • 75 g de sucre en poudre • 50 g de noisettes en poudre

**INFO SANTÉ**

POUR RÉALISER VOS GÂTEAUX, CRÊPES ET GAUFRES, UTILISEZ DE LA FARINE DE BLÉ COMPLÈTE QUE VOUS POUVEZ ASSOCIER À DES FLOCONS D'AVOINE OU À UN PEU DE MUESLI. VOS PÂTISSERIES AURONT DAVANTAGE DE GOÛT, MÊME SANS SEL !

**• DANS UN MENU •**

Mini-tomates farcies à la ricotta
Bœuf sauté aux poivrons
Crumble pommes-noisettes

Préchauffez le four à 180 °C (th. 6).
Épluchez et coupez les pommes en huit.
Déposez-les dans un plat à gratin de 30 centimètres de long.
Dans une terrine, mélangez la farine, le beurre, le sucre et les noisettes.
Répartissez ce mélange sur la surface des pommes.
Faites cuire 30 à 40 minutes.
Sortez le crumble du four. Dégustez-le chaud ou tiède, nature ou accompagné de crème fraîche.

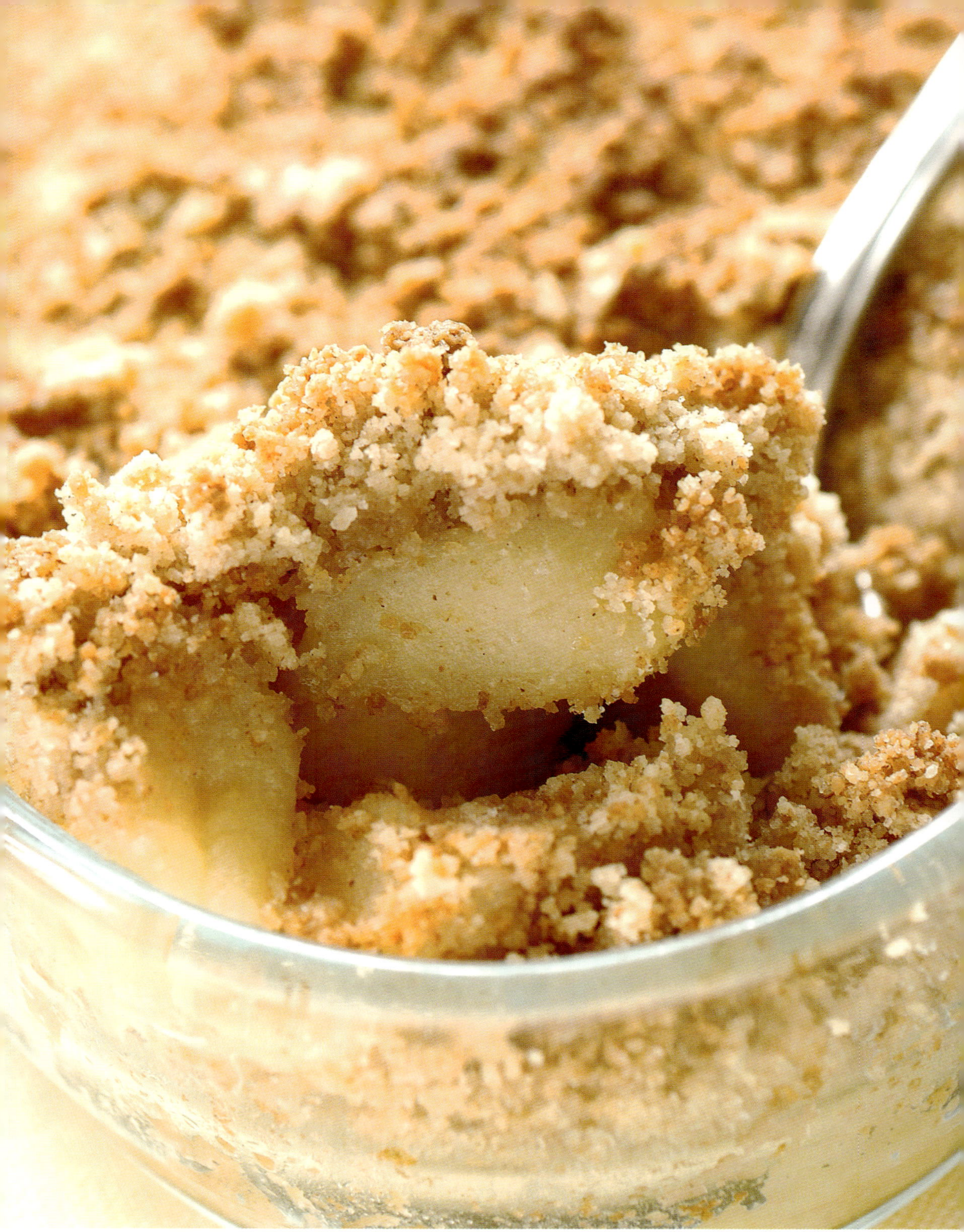

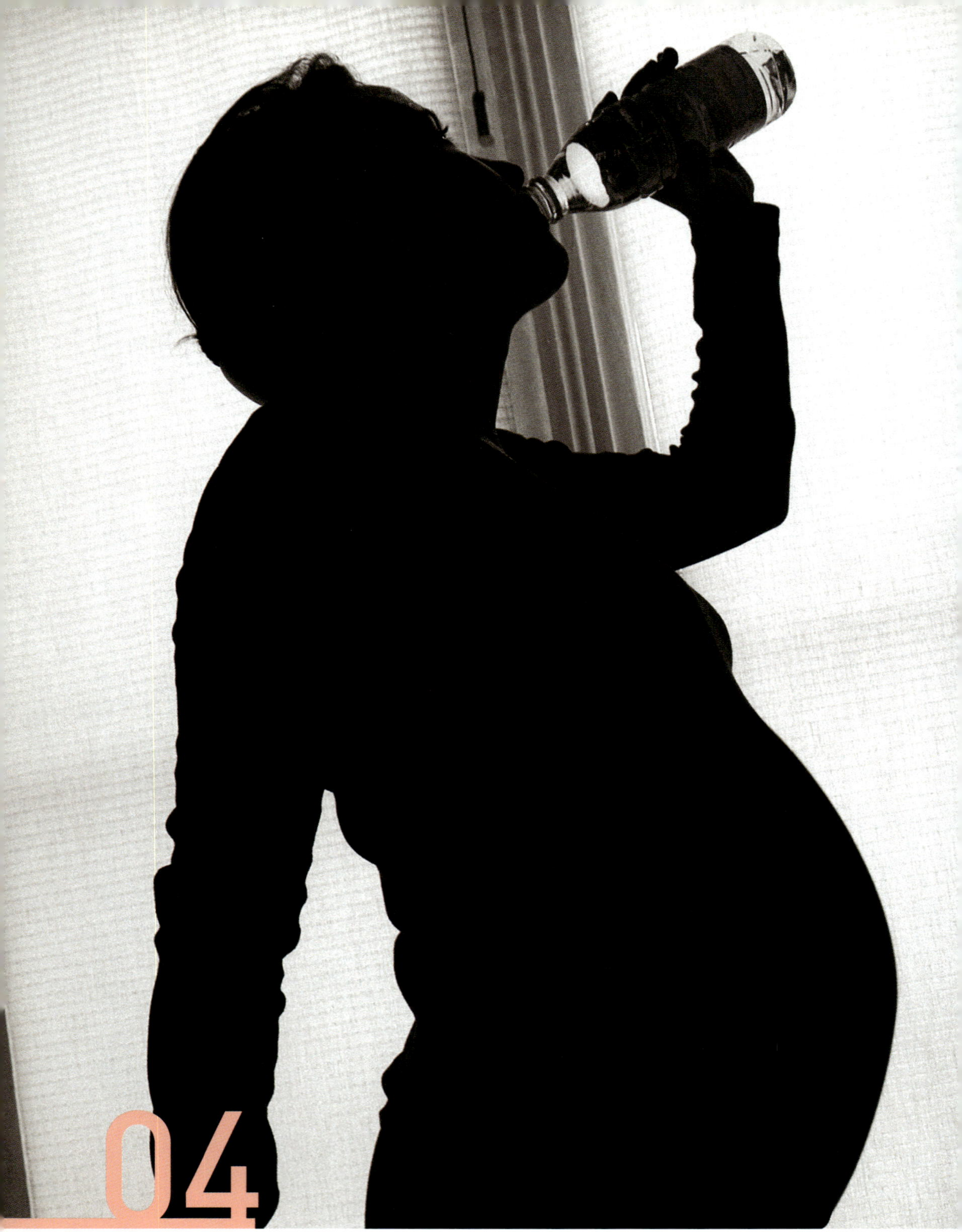

04

# DIGESTION

Les problèmes digestifs ne sont pas rares au cours de la grossesse : aigreurs d'estomac, nausées, constipation... Ils sont liés aux **modifications hormonales**, mais surtout au volume important de l'utérus, qui comprime l'estomac et le côlon. Pour mieux digérer :

- **Évitez les graisses cuites** (sauces, fritures...), qui ralentissent la digestion. Ajoutez un peu de beurre cru après la cuisson sur les aliments grillés ou cuits à la vapeur.
- Limitez la consommation de boissons et d'**aliments irritants** (café, cornichons, vinaigre...).
- **Les fruits et légumes crus contiennent des fibres parfois irritantes** : choisissez-les bien mûrs, et ôtez la peau et les pépins ou graines. Finement râpés, ils seront également plus digestes (carotte, concombre, céleri, pomme...).
- **Fractionnez les repas** pour ne pas surcharger l'estomac avec de gros volumes : trois repas, plus une ou deux collations permettent de répartir les apports et de faciliter la digestion.
- Pour lutter contre la constipation, **consommez régulièrement des céréales complètes**, des fruits secs, des légumes (crus ou cuits) à chaque repas et buvez de l'eau tout au long de la journée.

FACILE

# SALADE EXPRESS

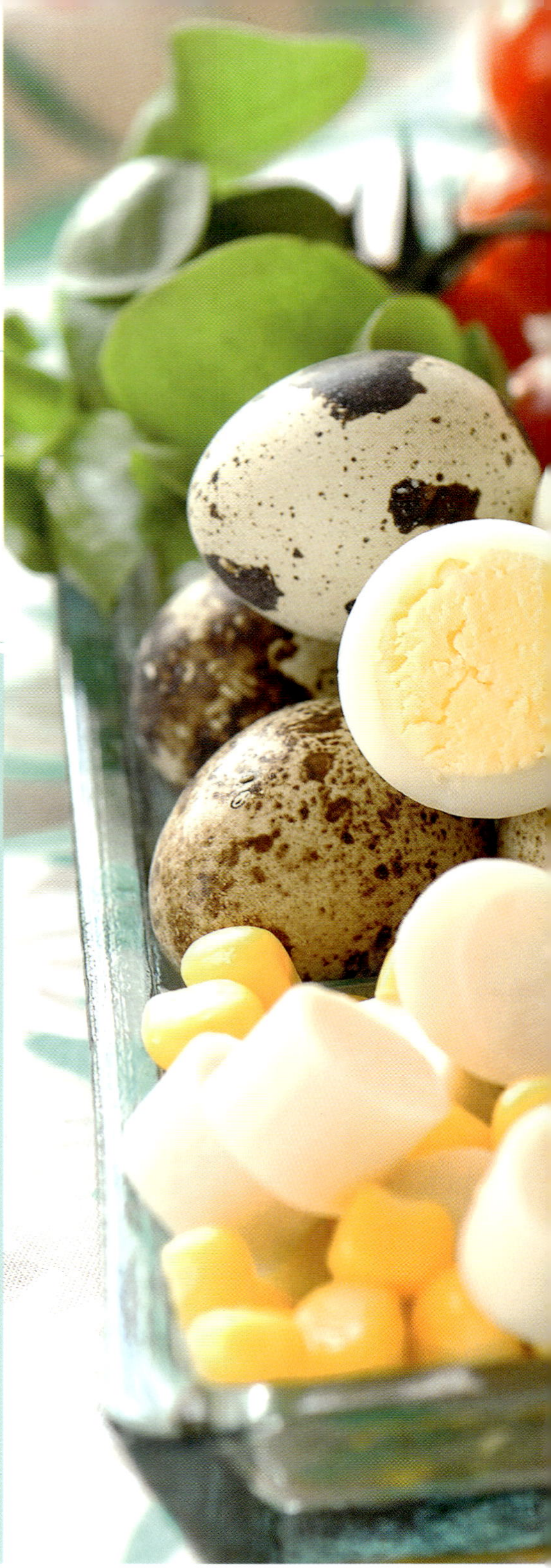

POUR 4 PERSONNES

PRÉPARATION 10 MINUTES

CUISSON 3 MINUTES

INGRÉDIENTS

1/2 citron • 1 cuillerée à soupe de vinaigre de Xérès • 3 cuillerées à soupe d'huile d'olive • 1 petite boîte de cœurs de palmier • 1 boîte de maïs de 250 g • 6 œufs de caille • 1 sachet de mâche de 125 g • 1 barquette de tomates cerise • Sel, poivre du moulin

**INFO SANTÉ**

Optez pour des assaisonnements légers et simples, cela améliorera la digestibilité de vos salades : de l'huile et un peu de jus de citron, de vinaigre de vin ou de cidre. Évitez l'ail et l'oignon, parfois indigestes. Enfin, associez des légumes crus (tomate, salade...) et cuits (betterave, haricots verts, cœurs de palmier...) dont les fibres sont plus douces.

**• DANS UN MENU •**

**Salade express**
**Jambon au torchon**
**Tomme de Savoie**
**Compote pommes-coings**

Faites une sauce avec le jus du demi-citron, le vinaigre et l'huile. Salez, poivrez. Égouttez les cœurs de palmier, rincez-les puis séchez-les sur du papier absorbant. Découpez-les en rondelles. Versez-les dans un saladier et ajoutez un peu de sauce. Égouttez et rincez également le maïs. Assaisonnez-le d'un peu de vinaigrette. Faites cuire les œufs de caille 3 minutes dans l'eau bouillante. Écalez-les. Assaisonnez la mâche avec la vinaigrette. Disposez-la sur un plat. Ajoutez les cœurs de palmier, le maïs, les tomates cerise et les œufs de caille coupés en deux. Servez.

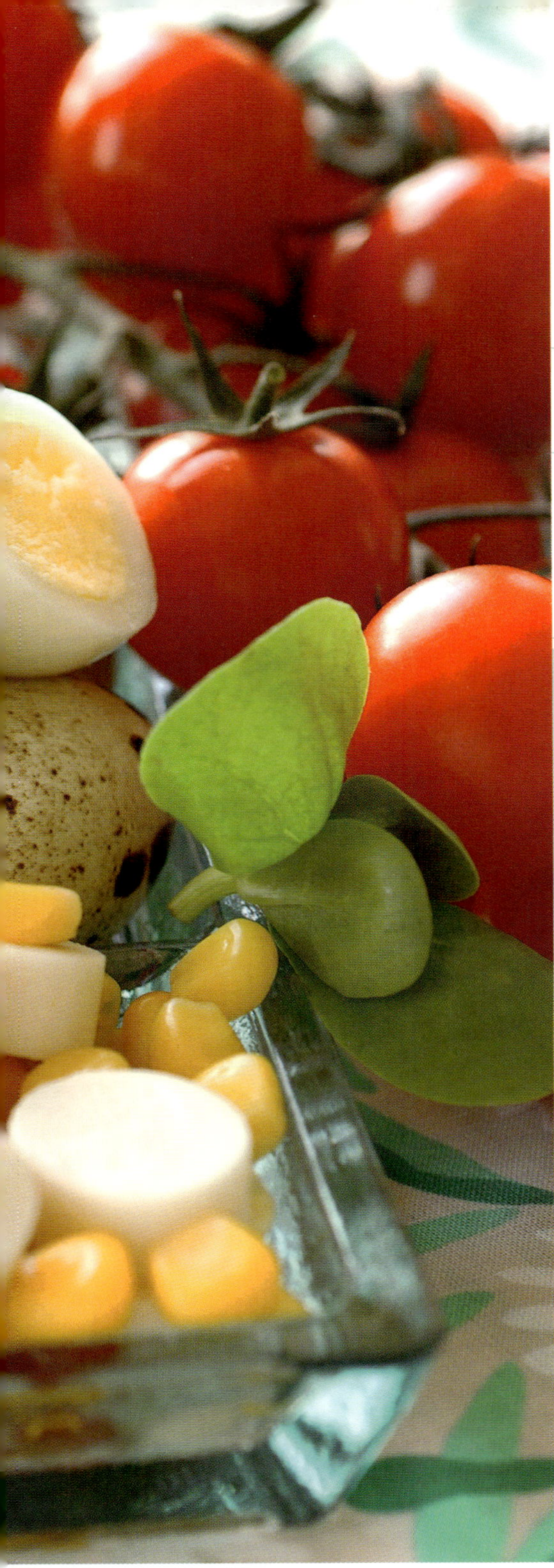

# RIZ COMPLET AUX LÉGUMES

POUR 4 PERSONNES

PRÉPARATION 30 MINUTES

CUISSON 45 MINUTES

INGRÉDIENTS

300 g de riz complet • 3 cuillerées à soupe d'huile d'olive • 750 g de carottes • 1/2 cuillerée à café de mélange quatre-épices • 500 g de champignons de Paris • 50 g de noisettes décortiquées • 1 bouquet de persil • Sel, poivre du moulin

**INFO SANTÉ**

LE RIZ ET LES CÉRÉALES COMPLÈTES SONT PLUS RICHES EN FIBRES QUE LES CÉRÉALES RAFFINÉES. CES FIBRES PRÉVIENNENT LA CONSTIPATION QUI APPARAÎT PARFOIS AU COURS DE LA GROSSESSE.

**• DANS UN MENU •**

**Riz complet aux légumes**
**Bavette de bœuf grillée**
**Yaourt bulgare**
**Mirabelles**

Faites cuire le riz comme indiqué sur le paquet. Égouttez-le puis versez-le dans un saladier. Incorporez 1 cuillerée à soupe d'huile d'olive. Épluchez et coupez les carottes en rondelles. Faites-les cuire à la vapeur 20 minutes environ. Égouttez-les et assaisonnez-les de 1 cuillerée à soupe d'huile d'olive, de sel, de poivre et du mélange quatre-épices. Rincez les champignons à l'eau, puis émincez-les. Versez-les dans une poêle. Ajoutez 1/2 verre d'eau et du sel. Faites cuire environ 10 minutes à couvert. Égouttez-les. Faites-les cuire à nouveau 5 minutes à feu doux avec du sel, du poivre et 1 cuillerée à soupe d'huile d'olive. Dans une cocotte, mélangez le riz, les carottes, les champignons et les noisettes. Faites chauffer à feu doux 10 minutes. Servez chaud, parsemé de persil ciselé.

# ROUGET AU BASILIC

| POUR 4 PERSONNES | PRÉPARATION | CUISSON | RÉFRIGÉRATION |
|---|---|---|---|
| | 10 MINUTES | 3 MINUTES | 30 MINUTES |

INGRÉDIENTS

12 filets de rouget • 1/2 botte de basilic • 2 cuillerées à soupe de jus de citron • 2 cuillerées à soupe d'huile d'olive • 1 salade de mâche • Sel, poivre du moulin

**INFO SANTÉ**

LA VAPEUR EST LE MEILLEUR MODE DE CUISSON POUR DIGÉRER SANS PROBLÈME. SANS AJOUT DE MATIÈRES GRASSES CUITES, LES ALIMENTS SONT À POINT, SANS QUE LEURS QUALITÉS NUTRITIONNELLES SOIENT ALTÉRÉES. AJOUTEZ APRÈS LA CUISSON UN PEU D'HUILE OU DE BEURRE CRU ET ÉVENTUELLEMENT DES HERBES FRAÎCHES.

**• DANS UN MENU •**

Rouget au basilic
Salade de pommes de terre tièdes
Fromage blanc au miel
Poire

Faites cuire les filets 3 minutes à la vapeur. Laissez-les refroidir. Effeuillez, lavez, séchez et ciselez le basilic. Mélangez le jus de citron et l'huile d'olive. Salez, poivrez et ajoutez le basilic. Assaisonnez le poisson avec cette sauce. Placez au réfrigérateur 30 minutes. Déposez les filets de rouget sur une salade de mâche accommodée de la même façon.

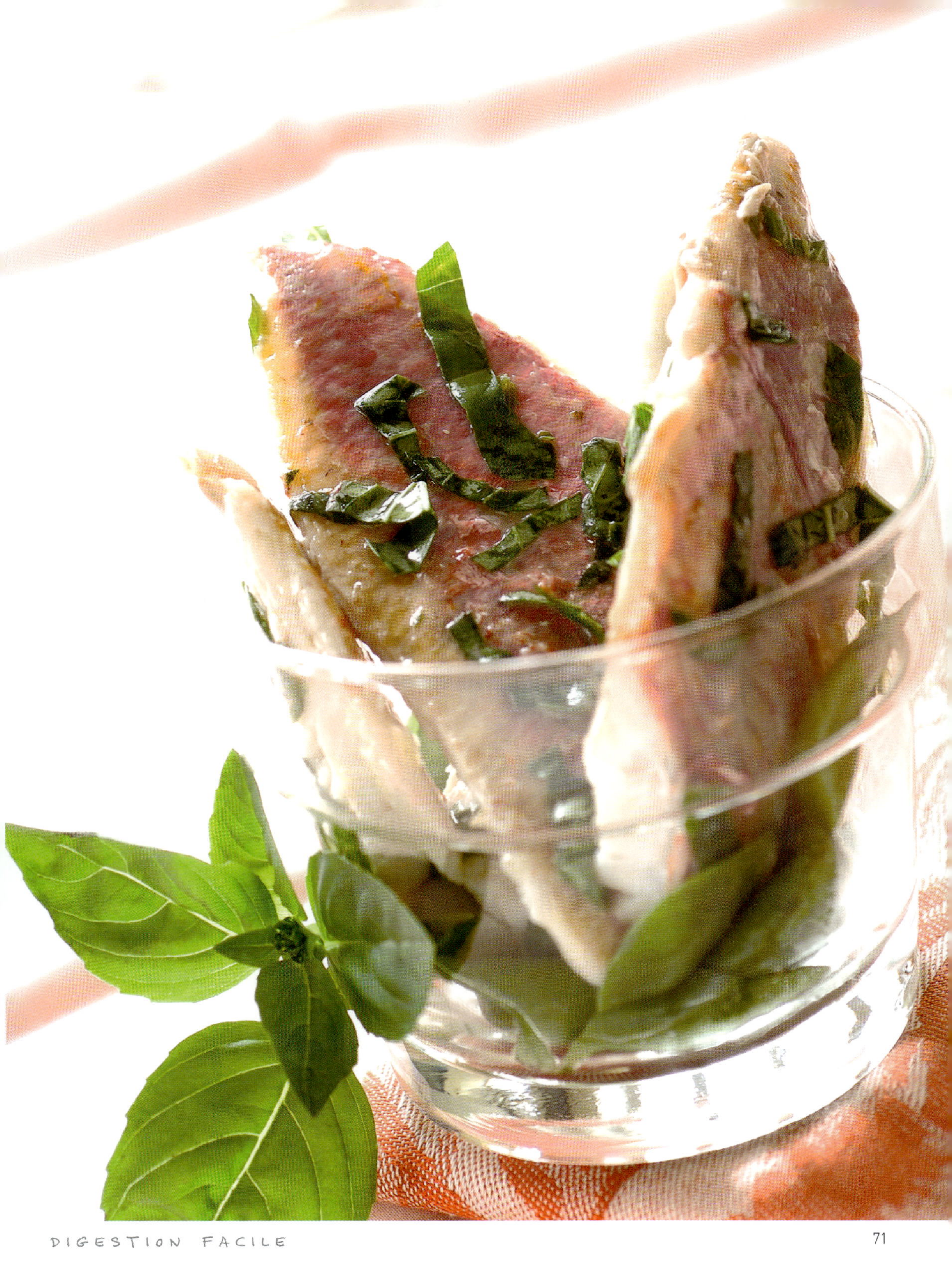

# FILET MIGNON DE PORC AU MIEL

| POUR 4 PERSONNES | PRÉPARATION 10 MINUTES | CUISSON 25 MINUTES | RÉFRIGÉRATION 1 HEURE |
|---|---|---|---|

INGRÉDIENTS

100 g de miel • 2 cuillerées à soupe de sauce soja • 1 cuillerée à soupe de graines de sésame
• 1 filet mignon de porc d'environ 800 g
• Sel, poivre du moulin

### INFO SANTÉ

FAIRE MIJOTER LES VIANDES PERMET DE LES CUIRE PRATIQUEMENT SANS AJOUT DE MATIÈRE GRASSE, CE QUI LES REND PARTICULIÈREMENT DIGESTES. AJOUTEZ À LA VIANDE (BŒUF, VEAU, PORC, POULET…) UNE BASE AROMATIQUE (ICI LA SAUCE SOJA) OU DES LÉGUMES ÉMINCÉS (TOMATE, COURGETTE, CHAMPIGNON, CAROTTE, CÉLERI…) : ELLE RESTERA TENDRE ET MOELLEUSE.

### • DANS UN MENU •

Carottes râpées
Filet mignon de porc au miel
Riz basmati et courgettes vapeur
Gouda

Dans un plat à gratin, mélangez le miel, la sauce soja et les graines de sésame. Rectifiez l'assaisonnement. Plongez la viande dans cette marinade. Couvrez de film alimentaire puis placez au réfrigérateur 1 heure. Versez le contenu du plat dans une cocotte. Faites cuire à feu doux 25 minutes. Servez le filet mignon coupé en tranches épaisses.

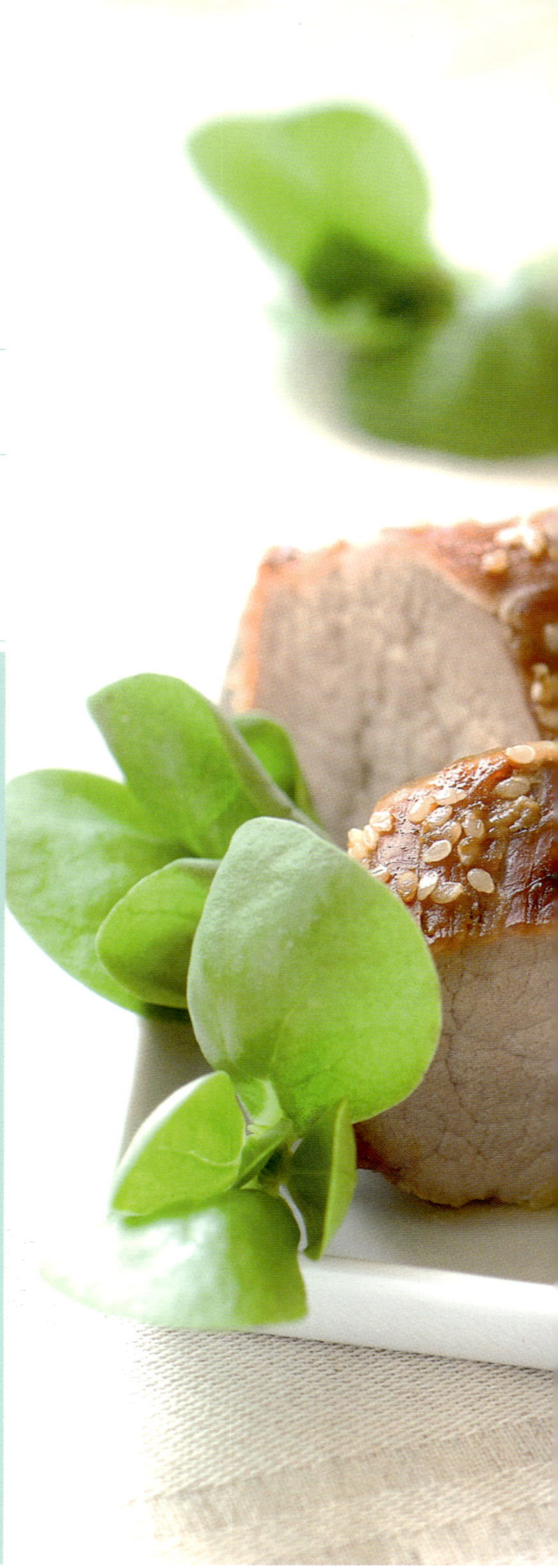

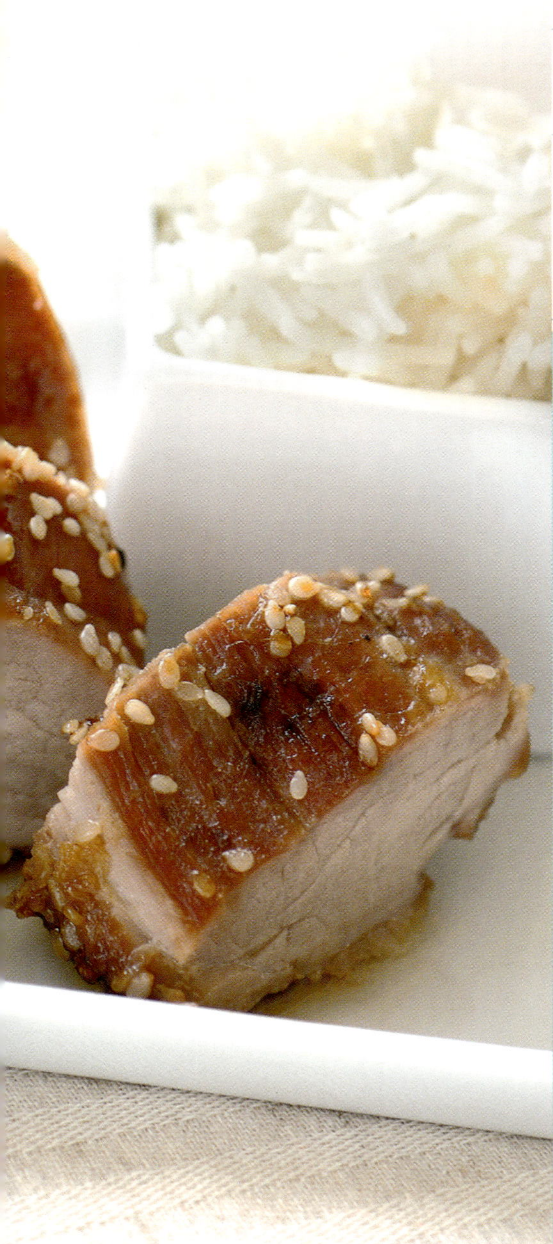

# POULET AU SEL

| POUR 4 PERSONNES | PRÉPARATION 10 MINUTES | CUISSON 1h30 |
| --- | --- | --- |

INGRÉDIENTS

1 poulet prêt à cuire de 1,5 kg • 1 gros bouquet d'herbes fraîches variées (thym, estragon, ciboulette, sauge, romarin...) • 3,5 kg de sel marin gris

**INFO SANTÉ**

LES VOLAILLES SONT DIGESTES CAR LEURS FIBRES MUSCULAIRES SONT COURTES ET CONTIENNENT PEU DE COLLAGÈNE (UNE PROTÉINE PRÉSENTE DANS TOUTES LES VIANDES). POUR LES RENDRE ENCORE PLUS LÉGÈRES, ÔTEZ LES PARTIES GRASSES AVANT LA CUISSON, ET FAITES-LES CUIRE SANS AJOUT DE MATIÈRE GRASSE.

**• DANS UN MENU •**

**Poulet au sel**
**Pois gourmands persillés à la vapeur**
**Chèvre frais**
**Banane pochée au caramel**

Faites brider la volaille pour que la peau protège toute la chair.

Remplissez le poulet d'herbes lavées et séchées, et refermez-le parfaitement (cousez l'orifice, si besoin). Le sel ne doit pas pénétrer à l'intérieur.
Préchauffez le four à 220 °C (th. 7/8).
Dans une cocotte en fonte tapissée d'une feuille d'aluminium, répartissez une grosse couche de sel. Posez la volaille dessus, recouvrez-la de sel : elle doit être enfouie sous une épaisseur de 3 à 4 centimètres.
Sans couvrir, mettez au four 1 h 30.
Renversez la cocotte, sortez tout le bloc de sel. Cassez-le avec un couteau rigide et un marteau.
Le poulet sera cuit à point, juteux et doré.

# POT-AU-FEU DE MÉROU

| POUR 4 PERSONNES | PRÉPARATION | CUISSON | RÉFRIGÉRATION |
|---|---|---|---|
| | 30 MINUTES | 35 MINUTES | / |

INGRÉDIENTS

2 poireaux • 4 carottes • 1 oignon • 4 tomates • 1 cuillerée à soupe d'huile • 150 ml de vin blanc • 1 cuillerée à café de paprika • 1 bouquet garni • 1 sachet de fumet de poisson • 4 pavés de mérou de 200 g chacun • 1 bouquet de persil • Sel, poivre du moulin

INFO SANTÉ

COMME CELLE DES VOLAILLES, LA CHAIR DU POISSON EST PARTICULIÈREMENT DIGESTE. PRÉFÉREZ LES CUISSONS À L'EAU, À LA VAPEUR OU AU FOUR, QUI LIMITENT L'AJOUT DE MATIÈRE GRASSE. ÉVITEZ, SI VOUS AVEZ DES PROBLÈMES DIGESTIFS, LES POISSONS PANÉS OU FRITS, TRÈS LONGS À DIGÉRER.

• DANS UN MENU •

**Pot-au-feu de mérou**
**Salade de laitue au comté**
**Clafoutis aux pommes**

Nettoyez les poireaux et coupez-les en tronçons. Épluchez et coupez les carottes en rondelles. Coupez l'oignon en petits morceaux. Pelez les tomates et coupez-les en quatre.

Faites chauffer l'huile dans une cocotte. Mettez les poireaux, les carottes et les oignons à revenir. Ajoutez les tomates, le vin blanc, le paprika et le bouquet garni. Salez, poivrez. Saupoudrez de fumet et versez 1 litre d'eau. Laissez cuire à frémissements 15 minutes.

Baissez le feu, plongez les pavés de poisson dans le bouillon. Laissez cuire 5 à 7 minutes.

Servez ce pot-au-feu en cocotte, parsemé de persil ciselé.

BON À SAVOIR

CE PLAT PEUT SE PRÉPARER À PARTIR DE TOUT AUTRE POISSON : LOTTE, SAUMON, RASCASSE...

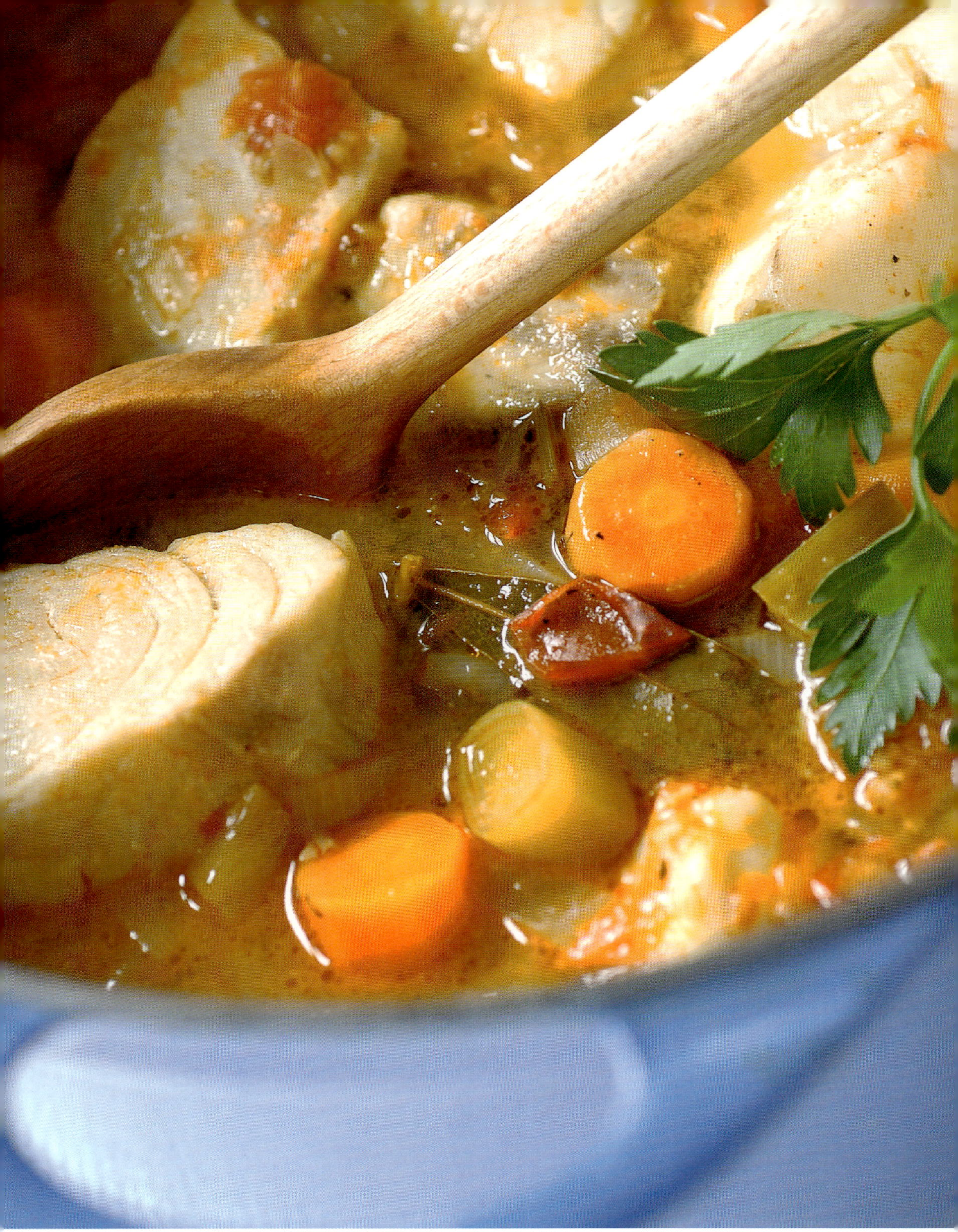

# VELOUTÉ DE FROMAGE BLANC

| POUR 4 PERSONNES | PRÉPARATION 10 MINUTES | RÉFRIGÉRATION 1 HEURE |
|---|---|---|

INGRÉDIENTS

500 g de fromage blanc lisse à 20 % de matière grasse • 1 yaourt velouté au lait entier
• 2 cuillerées à soupe de miel
• Quelques gouttes d'arôme d'amande amère

### INFO SANTÉ

POUR PARFUMER LES DESSERTS ET ENTREMETS, CHOISISSEZ DES ARÔMES ASSEZ DOUX ET NON IRRITANTS. QUELQUES GOUTTES D'ARÔME D'AMANDE, DE L'EAU DE FLEUR D'ORANGER, DE LA VANILLE NATURELLE, QUELQUES GOUTTES DE CARAMEL OU UNE PINCÉE DE CANNELLE APPORTERONT UNE TOUCHE D'ORIGINALITÉ À VOS DESSERTS.

### • DANS UN MENU •

Filet de lieu à la vapeur, citron et huile d'olive
Purée d'épinards et de pommes de terre
Velouté de fromage blanc
Madeleines

Dans un saladier, mélangez le fromage blanc et le yaourt. Ajoutez le miel et l'arôme d'amande amère. Remuez. Couvrez de film alimentaire et placez au réfrigérateur pendant au moins 1 heure avant de déguster.

### BON À SAVOIR

POUR UNE SAVEUR PLUS SUCRÉE, N'HÉSITEZ PAS À AUGMENTER LA QUANTITÉ DE MIEL.

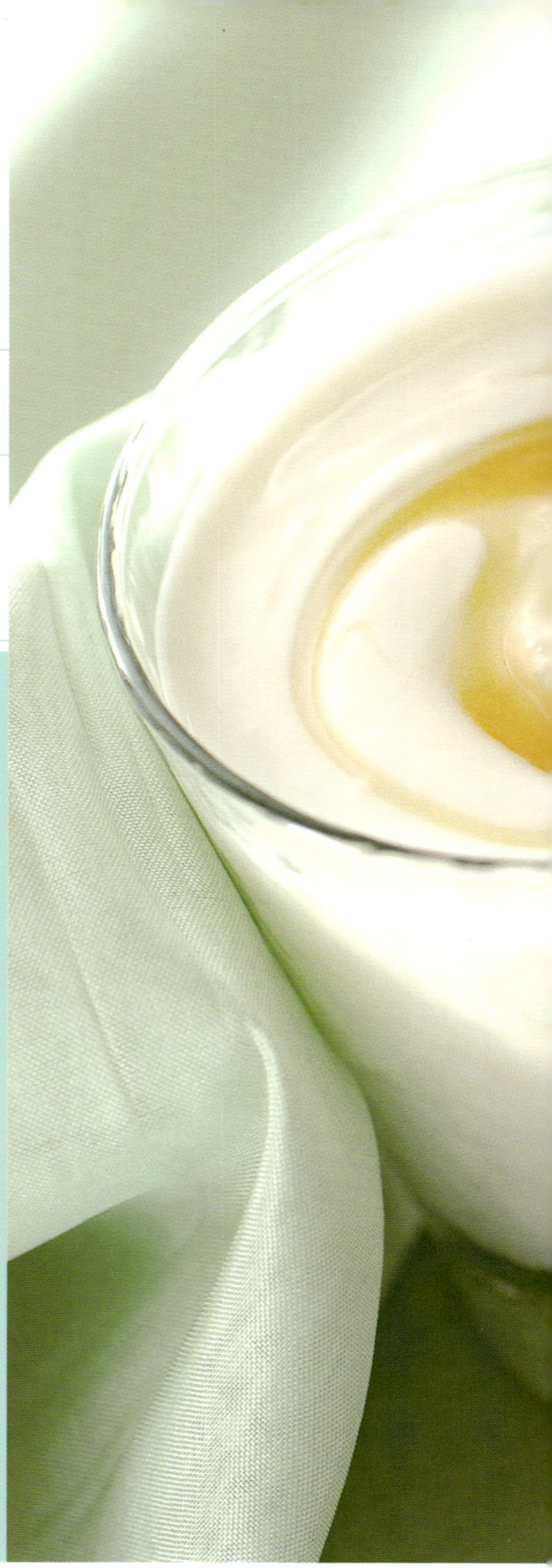

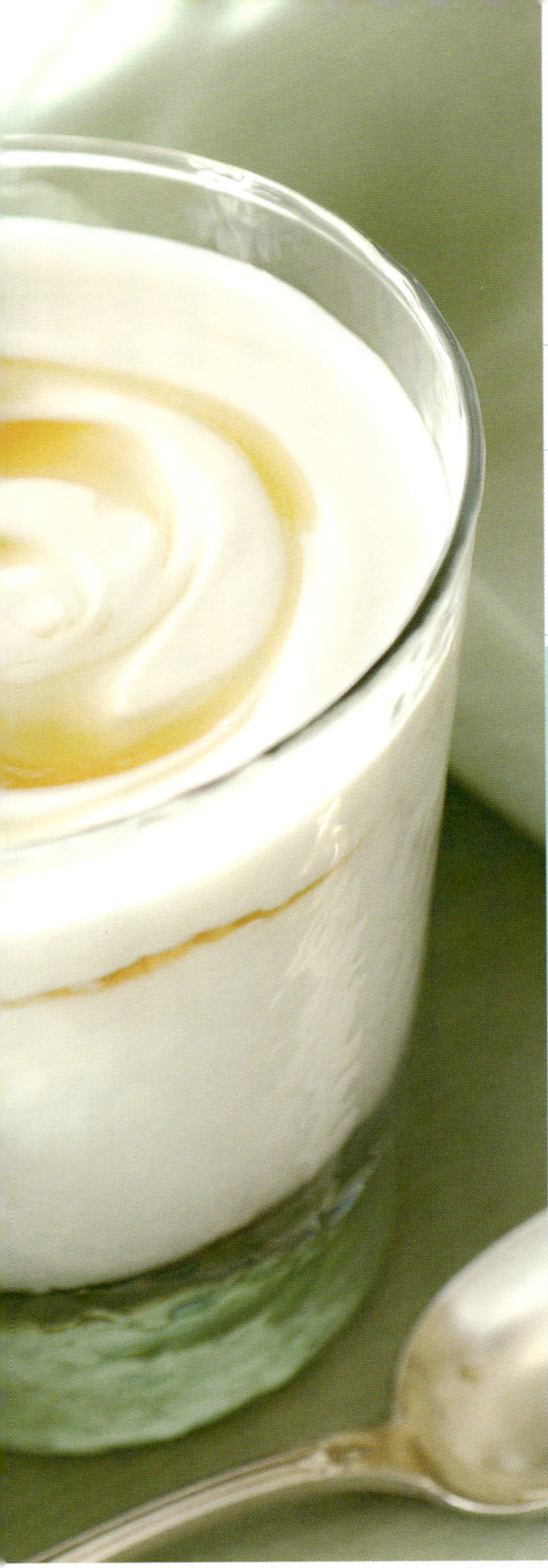

# PAIN D'ÉPICE

| POUR 4 PERSONNES | PRÉPARATION | CUISSON |
|---|---|---|
| | 15 MINUTES | 50 MINUTES |

INGRÉDIENTS

300 g de miel d'acacia • 100 ml de lait • 250 g de farine complète • 1 sachet de levure chimique • 50 g de poudre d'amandes • 1 cuillerée à soupe d'anis en poudre • 40 g d'écorces d'orange confite en petits morceaux • 1 œuf

**INFO SANTÉ**

LE PAIN D'ÉPICE EST L'UN DES RARES GÂTEAUX QUI NE CONTIENNENT PAS DE MATIÈRES GRASSES : IL EST DONC TRÈS DIGESTE. LES MERINGUES ET LE BISCUIT DE SAVOIE PRÉSENTENT LE MÊME INTÉRÊT. DANS LE COMMERCE, VOUS POUVEZ ACHETER DES BISCUITS À LA CUILLÈRE ET DES BARQUETTES À LA CONFITURE, ÉGALEMENT SANS MATIÈRE GRASSE.

**• DANS UN MENU •**

**Salade de haricots verts**
**Brochette de dinde à la menthe**
**Petit-suisse au sucre roux**
**Pain d'épice**

Préchauffez le four à 150-180 °C (th. 5/6). Délayez le miel dans le lait. Dans une terrine, mélangez la farine et la levure puis ajoutez la poudre d'amandes, l'anis et les écorces d'orange confite. Creusez un puits. Versez-y peu à peu le mélange de lait et de miel sans cesser de remuer avec une cuillère. Terminez en incorporant l'œuf. Versez la pâte dans un grand moule à cake antiadhésif et enfournez 50 minutes.

# TARTARE D'ANANAS

| POUR 4 PERSONNES | PRÉPARATION | CUISSON | RÉFRIGÉRATION |
|---|---|---|---|
| | 15 MINUTES | / | 1 à 2 HEURES |

INGRÉDIENTS

1 citron vert (facultatif) • 1 ananas • 2 cuillerées à soupe de sucre roux ou de vergeoise • Quelques feuilles de menthe • 1 gousse de vanille

### INFO SANTÉ

CERTAINS FRUITS, UN PEU ACIDES, PEUVENT ÊTRE MAL TOLÉRÉS PENDANT LA GROSSESSE. OPTEZ DANS CE CAS POUR DES FRUITS DOUX, BIEN MÛRS, TOUJOURS ÉPLUCHÉS ET ÉPÉPINÉS. POIRE, POMME, PÊCHE, NECTARINE, MANGUE ET ANANAS SONT EN GÉNÉRAL BIEN SUPPORTÉS. LE JUS DE CITRON VERT, PLUS DOUX QUE LE JAUNE, PEUT ÊTRE UTILISÉ EN REMPLACEMENT DE CE DERNIER.

### • DANS UN MENU •

**Noisettes d'agneau grillées au thym**
**Blé aux champignons**
**Fromage des Pyrénées**
**Tartare d'ananas**

Pressez le citron vert. Coupez l'ananas en petits morceaux après avoir enlevé la peau et le centre un peu dur. Dans un saladier, mélangez les morceaux d'ananas, le jus du citron, le sucre et la menthe ciselée. Fendez la gousse de vanille en deux dans le sens de la longueur et grattez-en chaque partie afin d'en extraire les graines. Ajoutez-les dans le saladier. Mélangez et placez au réfrigérateur 1 à 2 heures. Décorez de quelques feuilles de menthe. Servez frais.

### BON À SAVOIR

ON PEUT, SI ON L'APPRÉCIE, AJOUTER UN PEU DE ZESTE DE CITRON RÂPÉ POUR DONNER DAVANTAGE DE SAVEUR.

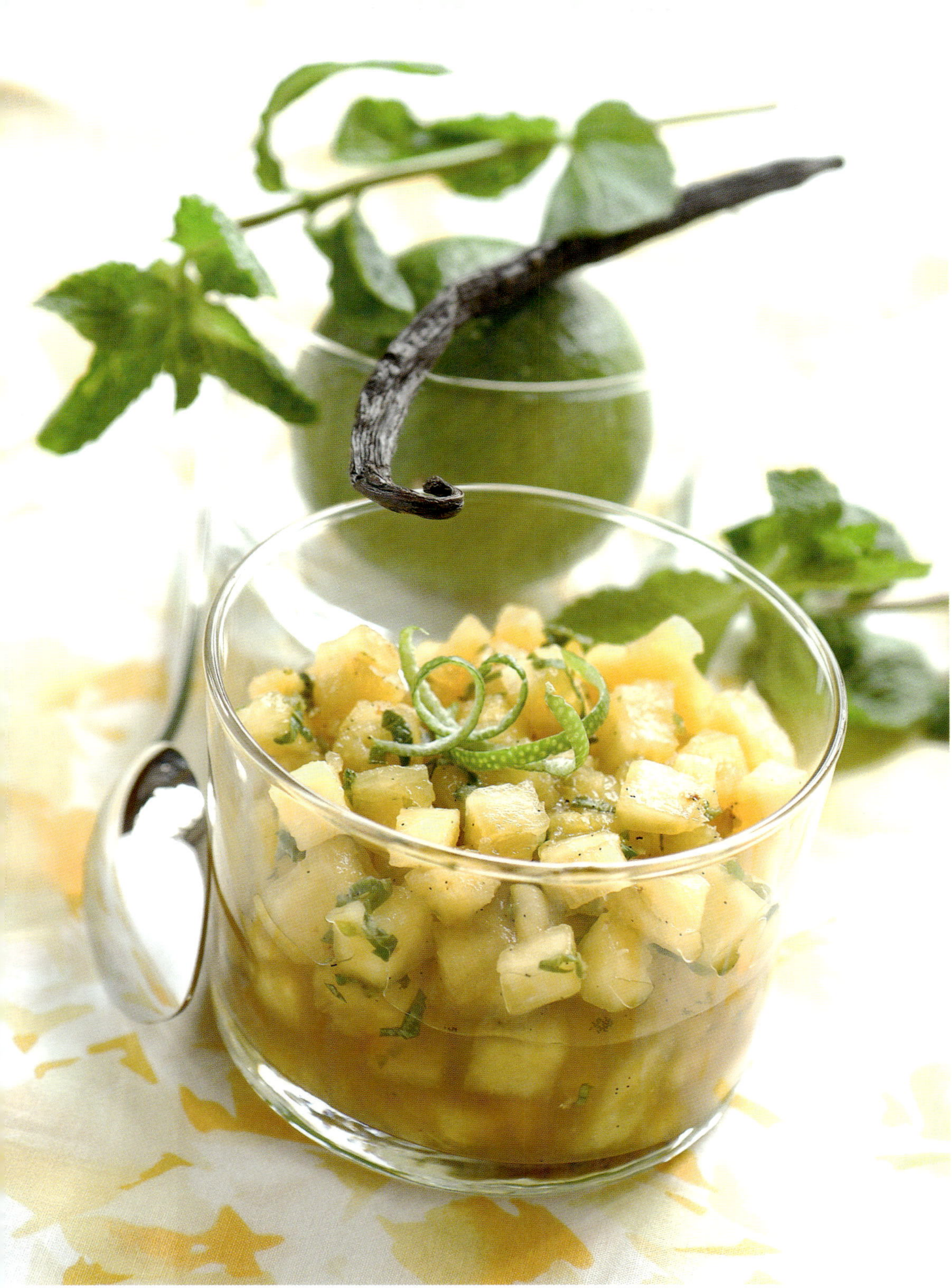

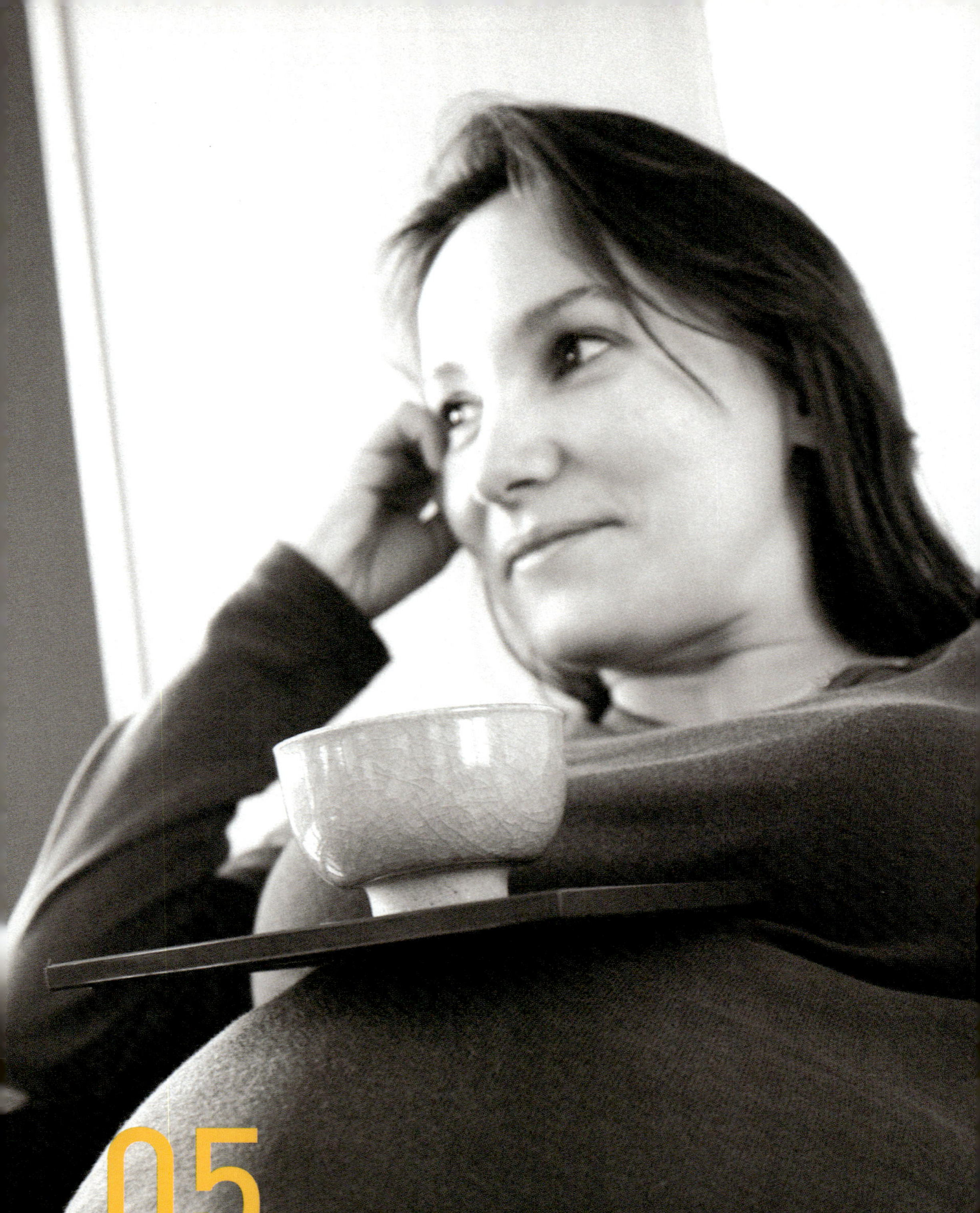

# 05

# COLLATIONS, BRUNCHS

Équilibrer les repas pris sur le pouce n'est pas toujours simple ! Voici quelques règles à suivre pour que vos brunchs, repas nomades ou petits goûters vous apportent tout ce dont Bébé a besoin !

– Sans faire des menus très compliqués, vérifiez que chaque groupe d'aliments est présent dans le repas. Par exemple, une salade composée contenant des crudités, du riz, du thon et du gruyère sera simplement à compléter avec un fruit. Une part de pizza peut être la base d'un déjeuner équilibré et rapide, si on l'accompagne d'une salade verte et d'un fruit.

– Le brunch se construit comme un déjeuner (et non un petit déjeuner !) : jambon ou œuf, légumes et fruits, pain, laitage et boisson.

– Pensez aux fruits pour alléger les goûters pris en famille : salade de fruits, compote, carpaccio de fruits... que vous compléterez d'une petite part de gâteau. Et allégez le dîner après un fruit un peu trop riche !

– Les repas « sandwich » (ou tartines chaudes, tartes aux légumes) seront équilibrés si vous y associez des crudités (salade verte ou tomate à croquer) et un fruit frais.

AND CO

# MINI-MUFFINS AU CHOCOLAT

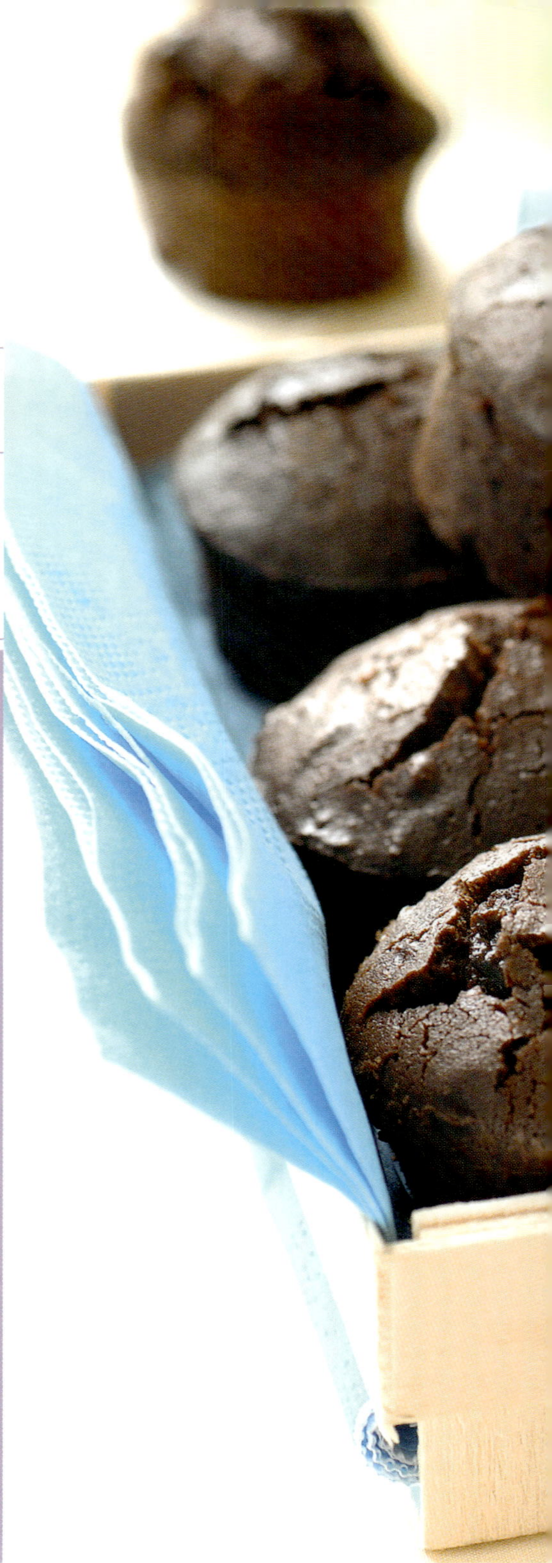

| POUR 12 MINI-MUFFINS | PRÉPARATION 10 MINUTES | CUISSON 10 MINUTES |
|---|---|---|

INGRÉDIENTS

100 g de chocolat noir amer • 80 g de beurre
• 70 g de sucre en poudre • 2 œufs
• 40 g de poudre d'amandes
• 40 g de noisettes concassées

**INFO SANTÉ**

LE GOÛTER EST UN MOMENT PRIVILÉGIÉ À PARTAGER, QUAND ON PEUT, EN FAMILLE ! POUR NE PAS LE CHARGER DE CALORIES INUTILES, FAVORISEZ LES FRUITS ET LES LAITAGES, ET COMPLÉTEZ D'UNE PETITE PART DE GÂTEAU. CES MINI-MUFFINS SONT ÉGALEMENT PARFAITS AU PETIT DÉJEUNER (AVEC THÉ, YAOURT, JUS D'ORANGE).

**• GOÛTER DU MERCREDI •**

Mini-muffins au chocolat
Yaourt nature
Salade de kiwis et oranges sanguines

Préchauffez le four à 180 °C (th. 6). Faites fondre le chocolat et le beurre dans une casserole. Ajoutez le sucre, les œufs, la poudre d'amandes et les noisettes concassées. Versez ce mélange dans des moules à muffins antiadhésifs. Enfournez 10 minutes. Démoulez tiède.

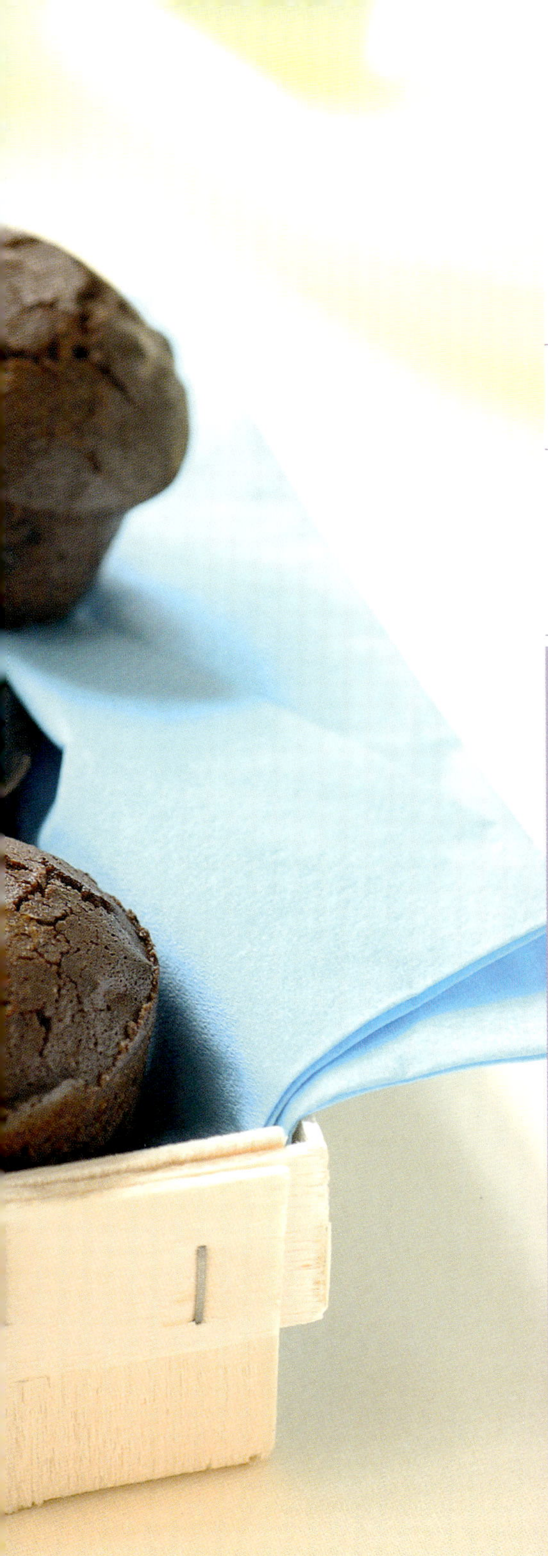

# GÂTEAU DE RIZ ET SON COULIS DE FRUITS ROUGES

| POUR 6 PERSONNES | PRÉPARATION 10 MINUTES | CUISSON 1 HEURE |
|---|---|---|

INGRÉDIENTS

1,5 l de lait • 2 gousses de vanille • 200 g de riz rond • 80 g de sucre en poudre • 4 œufs • 400 ml de coulis de fruits rouges (surgelé ou maison)

**INFO SANTÉ**

LE BRUNCH EST UN REPAS « 2 EN 1 ». ON DOIT DONC Y TROUVER DE LA VIANDE (POULET, JAMBON...) OU DU POISSON (SAUMON, ETC.), DU PAIN OU DES CÉRÉALES, DES FRUITS ET DES LÉGUMES FRAIS, UNE BOISSON ET DES LAITAGES OU DU FROMAGE. VOUS POURREZ COMPLÉTER D'UN GOÛTER LÉGER DANS L'APRÈS-MIDI (LAITAGE, FRUIT).

**• BRUNCH •**

Thé au lait
Jus de clémentine
Fines tranches de jambon blanc et de mimolette
Tomates cerise
Pain aux céréales
Gâteau de riz et son coulis de fruits rouges

Préchauffez le four à 150-180 °C (th. 5/6). Faites chauffer le lait avec les gousses de vanille fendues en deux. Versez le riz dans le lait frémissant. Laissez-le cuire 30 à 35 minutes à feu doux en remuant de temps en temps : le lait doit être absorbé et le riz cuit.
Ajoutez le sucre puis les œufs battus en omelette. Versez la préparation dans un moule à cake ou à charlotte antiadhésif. Enfournez 25 à 30 minutes.
Laissez le gâteau tiédir. Démoulez. Placez-le au frais jusqu'au lendemain ou servez le jour même, tiède ou froid (mais pas glacé), accompagné du coulis.

# GÂTEAU AU FROMAGE BLANC

| POUR 4 PERSONNES | PRÉPARATION | CUISSON | RÉFRIGÉRATION |
|---|---|---|---|
| | 10 MINUTES | 40 MINUTES | / |

INGRÉDIENTS

400 g de fromage blanc en faisselle à 40 % de matière grasse
• 1 citron non traité • 50 g de sucre en poudre
• 1 cuillerée à soupe de fécule de pomme de terre • 2 œufs

### INFO SANTÉ

LE FROMAGE BLANC, COMME LE LAIT OU LES YAOURTS, CONTIENT DU CALCIUM ET DES PROTÉINES, INDISPENSABLES PENDANT LA GROSSESSE. CE GÂTEAU LÉGER ET DÉLICAT PERMET DE MANGER DES LAITAGES SOUS UNE FORME "MASQUÉE", IDÉALE POUR CELLES QUI N'APPRÉCIENT PAS LE GOÛT DU FROMAGE BLANC.

### • DÉJEUNER AU BUREAU •

Sandwich au pain complet, comté, tomate, dinde
Gâteau au fromage blanc
Compote de pommes

Égouttez le fromage blanc dans une passoire plusieurs heures à l'avance.
Préchauffez le four à 180 °C (th. 6). Graissez un moule à soufflé de 20 centimètres de diamètre.
Lavez le citron, râpez le zeste, puis pressez-le.
Battez le fromage blanc au fouet à main afin de le lisser. Incorporez 30 grammes de sucre et la fécule de pomme de terre.
Cassez les œufs en séparant le blanc du jaune. Ajoutez les jaunes dans la préparation au fromage, avec le jus et le zeste de citron. Mélangez. Battez les blancs en neige ferme, ajoutez le reste de sucre et continuez à battre jusqu'à ce que les blancs soient lisses et brillants. Incorporez-les à la préparation au fromage blanc, en soulevant la masse avec une spatule.
Versez la pâte dans le moule et glissez-le au four. Laissez cuire 35 à 40 minutes, jusqu'à ce que le gâteau soit gonflé et doré. Laissez tiédir dans le moule avant de démouler.
Servez ce gâteau froid ou à température ambiante.

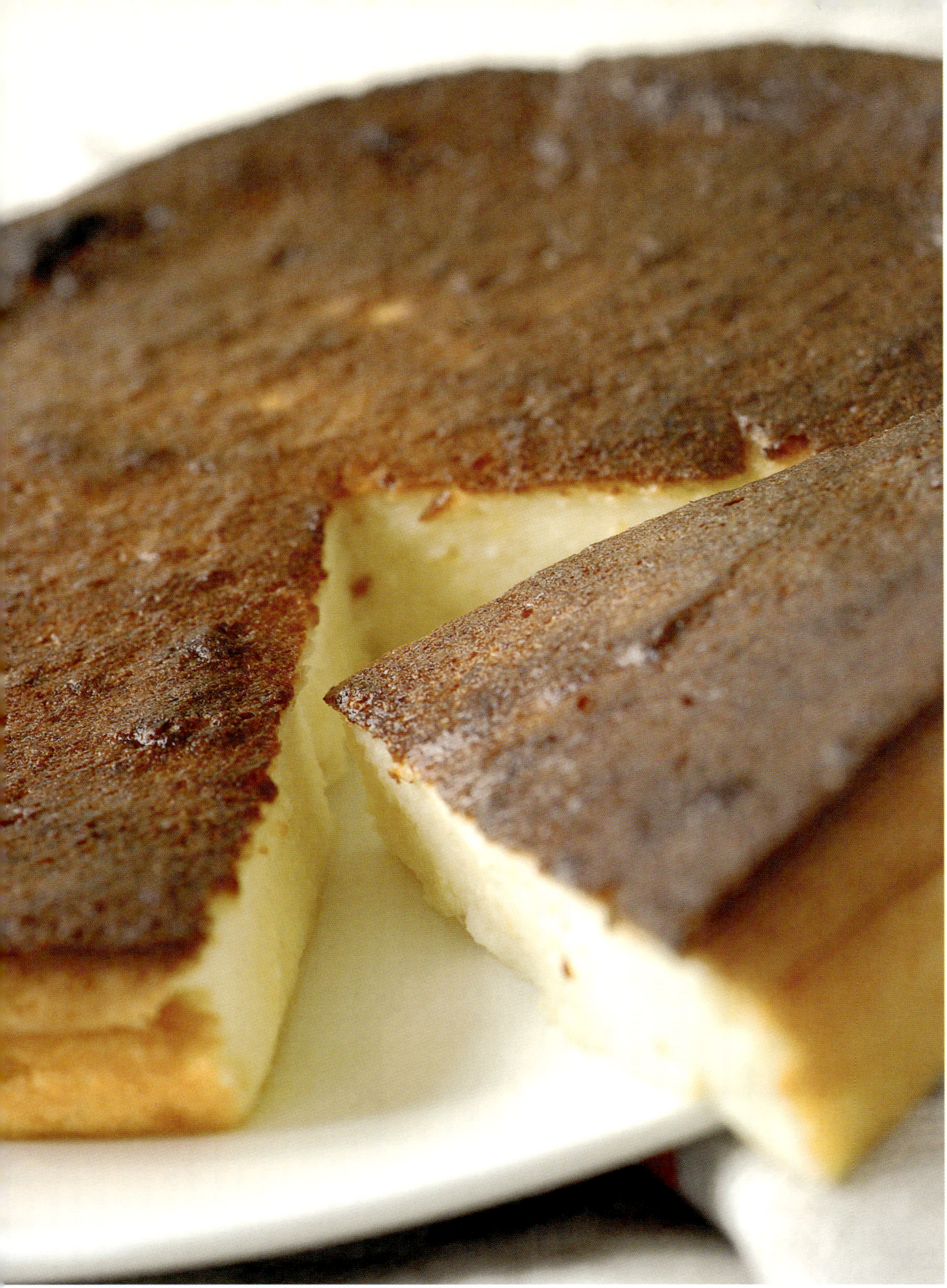

# MADELEINES

| POUR ENVIRON 15 MADELEINES | PRÉPARATION 20 MINUTES | CUISSON 12 MINUTES | RÉFRIGÉRATION 10 MINUTES |
|---|---|---|---|

INGRÉDIENTS

2 œufs • 65 g de sucre en poudre • 1 cuillerée à café de miel • 3 cuillerées à soupe de lait • 1 cuillerée à café rase de levure chimique • 1 cuillerée à café de vanille liquide • 100 g de beurre fondu • 175 g de farine

**INFO SANTÉ**

LES GÂTEAUX MAISON SONT SOUVENT MOINS GRAS ET MOINS SUCRÉS QUE CEUX DU COMMERCE. PAR AILLEURS, ILS NE CONTIENNENT PAS D'ADDITIF, CE QUI EST PRÉFÉRABLE PENDANT LA GROSSESSE. N'HÉSITEZ PAS À EN FAIRE ET À LES CONSOMMER AU PETIT DÉJEUNER, LORS DES COLLATIONS OU POUR COMPLÉTER UN REPAS UN PEU LÉGER. SANS EN ABUSER, BIEN SÛR !

**• DÉJEUNER EXPRESS •**

Salade de maïs, thon, tomates
Pain complet, camembert
Raisin
2 madeleines maison

Préchauffez le four à 210 °C (th. 7). Fouettez ensemble les œufs, le sucre, le miel, le lait et la levure. Incorporez la vanille, le beurre fondu et la farine. Remuez bien et laissez la pâte reposer 10 minutes au frais. Répartissez la pâte dans des moules à madeleines antiadhésifs et enfournez 10 à 12 minutes. Démoulez sur une grille et dégustez les madeleines tièdes ou froides.

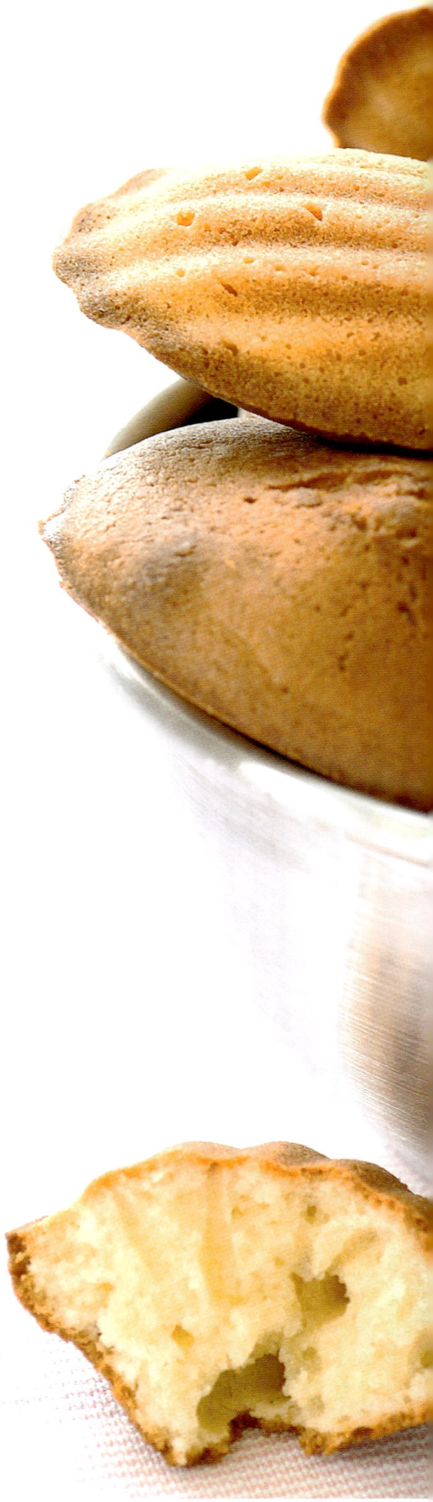

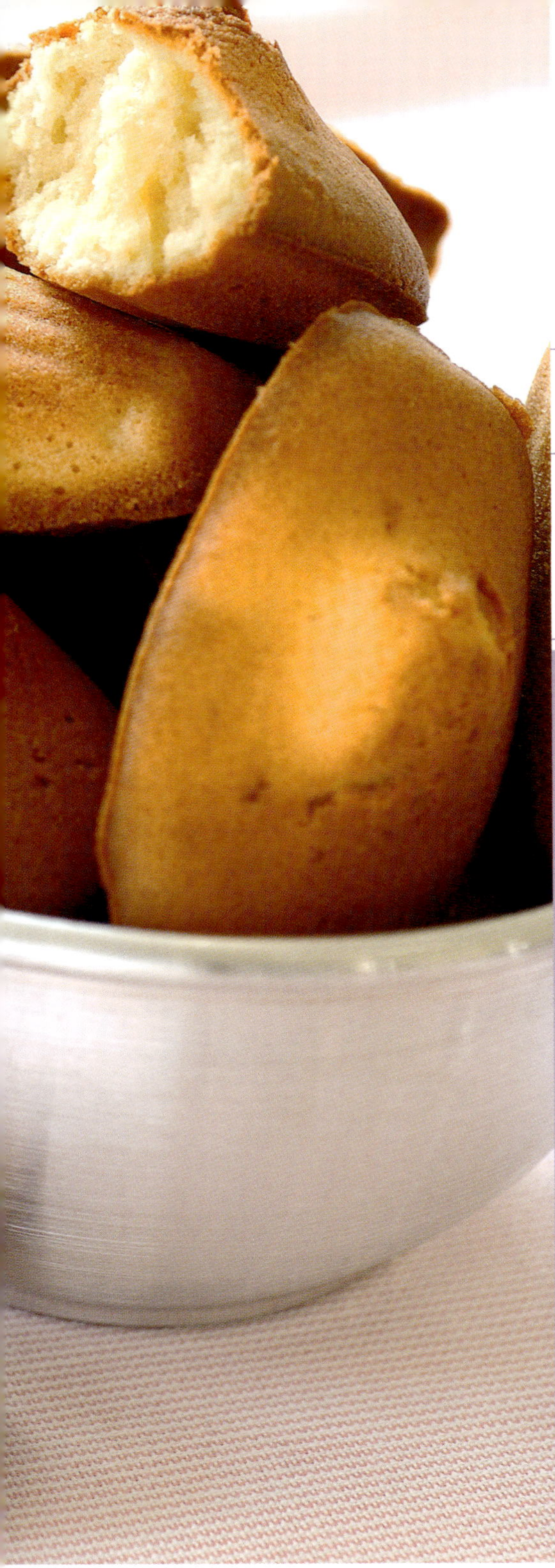

# CLAFOUTIS POMMES-AMANDES

POUR 6 PERSONNES

PRÉPARATION 20 MINUTES

CUISSON 35 MINUTES

INGRÉDIENTS

2 œufs + 1 jaune d'œuf • 40 g de sucre en poudre • 25 g de farine • 25 g de poudre d'amandes • 200 ml de lait • 100 ml de crème liquide • 5 pommes reinette ou gala • 1 cuillerée à soupe de sucre roux

**INFO SANTÉ**

LES ENTREMETS (CLAFOUTIS, SEMOULE AU LAIT...) SONT ADAPTÉS À LA GROSSESSE. DIGESTES, ILS APPORTENT DU LAIT (CALCIUM, PROTÉINES), SOUVENT DES FRUITS CUITS (FIBRES, MINÉRAUX) ET SONT PAUVRES EN MATIÈRES GRASSES. NE LES SUCREZ PAS TROP POUR LIMITER LEUR APPORT CALORIQUE.

**• GOÛTER DU DIMANCHE •**

Thé au caramel
Clafoutis pommes-amandes
Éventail de mangue et kiwi

Mélangez les œufs entiers et le jaune avec le sucre. Ajoutez la farine et la poudre d'amandes. Versez le lait et la crème en fouettant. Préchauffez le four à 180 °C (th. 6). Graissez un moule à tarte de 26 centimètres de diamètre.
Pelez les pommes, coupez-les en deux et retirez le cœur. Avec un couteau, quadrillez la surface des fruits de quelques entailles. Posez les pommes bien serrées les unes contre les autres dans le plat, côté coupé contre le fond du plat, et nappez-les avec la préparation aux amandes.
Glissez le plat au four et laissez cuire 30 minutes. Allumez le gril.
Parsemez le clafoutis de sucre roux et laissez-le légèrement caraméliser assez près du gril.
Servez tiède.

# POMMES VANILLÉES

| POUR 4 PERSONNES | PRÉPARATION | CUISSON | RÉFRIGÉRATION |
|---|---|---|---|
| | 10 MINUTES | 20 à 25 MINUTES | — |

INGRÉDIENTS

4 pommes boskoop ou reinette • 25 cl de thé à la vanille • 2 sachets de sucre vanillé • 4 clous de girofle

**INFO SANTÉ**

LES FRUITS CUITS PEUVENT ÊTRE PRÉPARÉS À L'AVANCE ET RÉCHAUFFÉS AU FOUR À MICRO-ONDES QUELQUES SECONDES AU MOMENT DU REPAS. PENSEZ ÉGALEMENT AUX PAPILLOTES, AUX FRUITS SAUTÉS À LA POÊLE (MIRABELLES, MANGUE, POMME, POIRE, ANANAS...) ET AUX COMPOTES. CE SONT DES DESSERTS LÉGERS, PRATIQUES POUR LES COLLATIONS.

**• DANS UN GOÛTER LÉGER •**

Yaourt à 0 % de matière grasse à la vanille
Pommes vanillées

**• DANS UN DÎNER RAPIDE •**

Soupe de lentilles
Omelette au parmesan
Salade frisée
Pommes vanillées

Préchauffez le four à 170 °C (th. 5/6). Évidez les pommes à l'aide d'un vide-pomme, mais ne les épluchez pas. Dans un plat à gratin, versez le thé. Déposez-y les pommes. Au centre de chaque pomme, ajoutez 1 cuillerée à café de sucre vanillé et 1 clou de girofle. Enfournez 20 à 25 minutes. Dégustez les pommes encore tièdes.

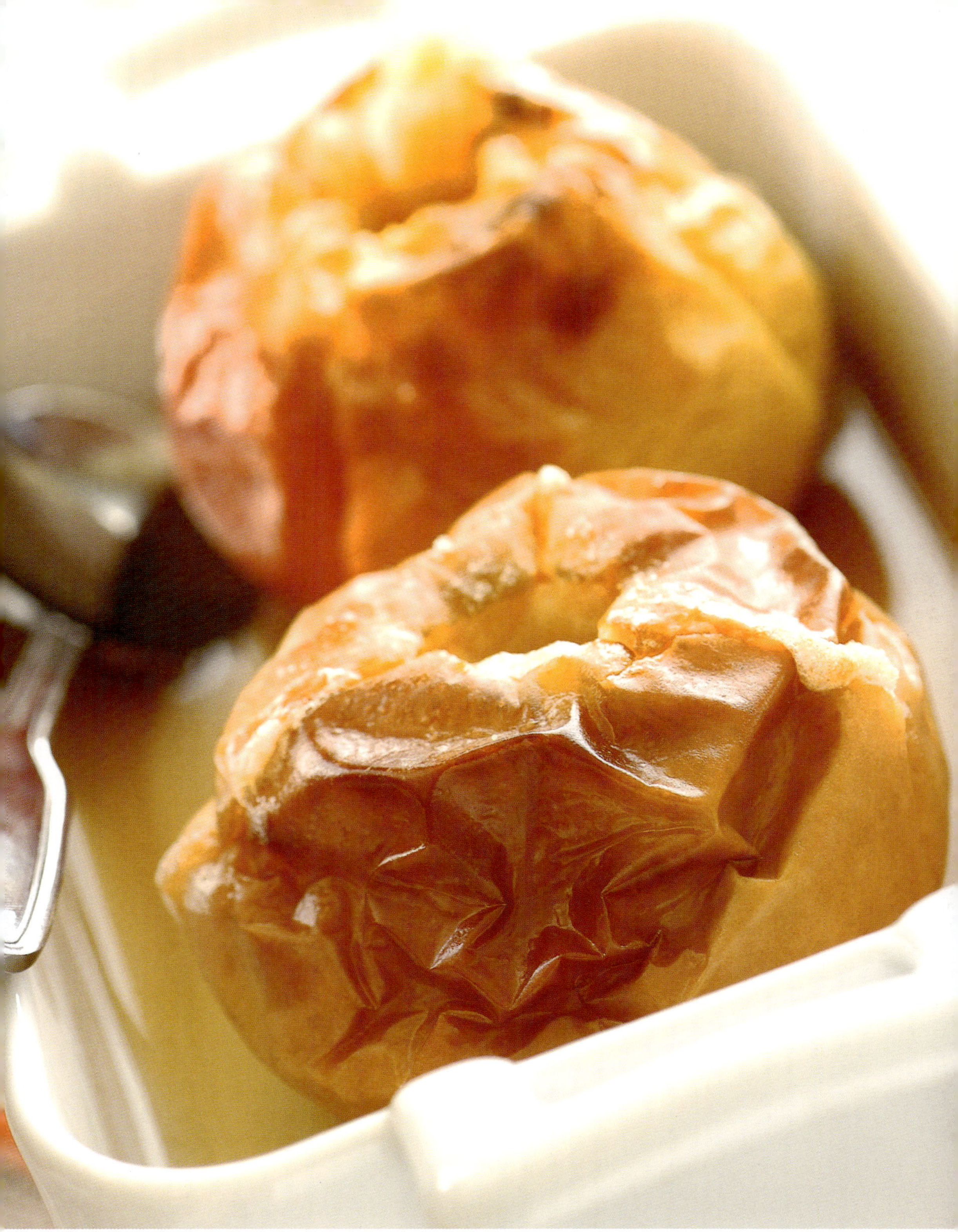

# ŒUFS BROUILLÉS AU BASILIC

POUR 4 PERSONNES

PRÉPARATION 5 MINUTES

CUISSON 10 MINUTES

INGRÉDIENTS

1 à 2 bottes de basilic • 1 cuillerée à soupe d'huile d'olive • 8 œufs + 4 blancs d'œufs • Sel, poivre du moulin

**INFO SANTÉ**

Les œufs peuvent remplacer la viande de temps en temps, tout comme le poisson. Ils apportent des protéines de bonne qualité, du fer et de nombreuses vitamines. Le cholestérol qu'ils contiennent est également nécessaire au développement de l'enfant.

**• BRUNCH •**

Café
Yaourt aux fruits
Jus d'ananas
Œufs brouillés au basilic
Pain au sésame grillé, beurre

Ciselez le basilic. Versez un filet d'huile d'olive dans une poêle antiadhésive. Déposez les œufs entiers et les blancs dans la poêle à feu doux. Salez, poivrez. Remuez avec une spatule en bois jusqu'à ce que le mélange devienne onctueux. Éteignez. Ajoutez le basilic. Servez.

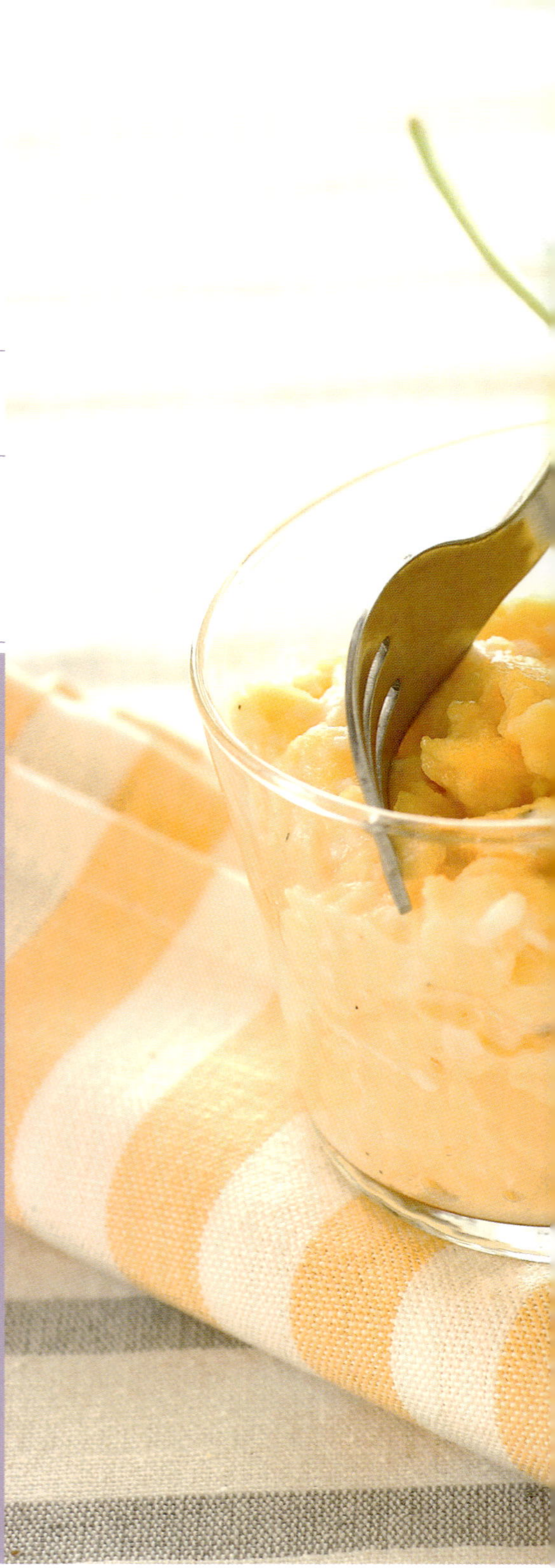

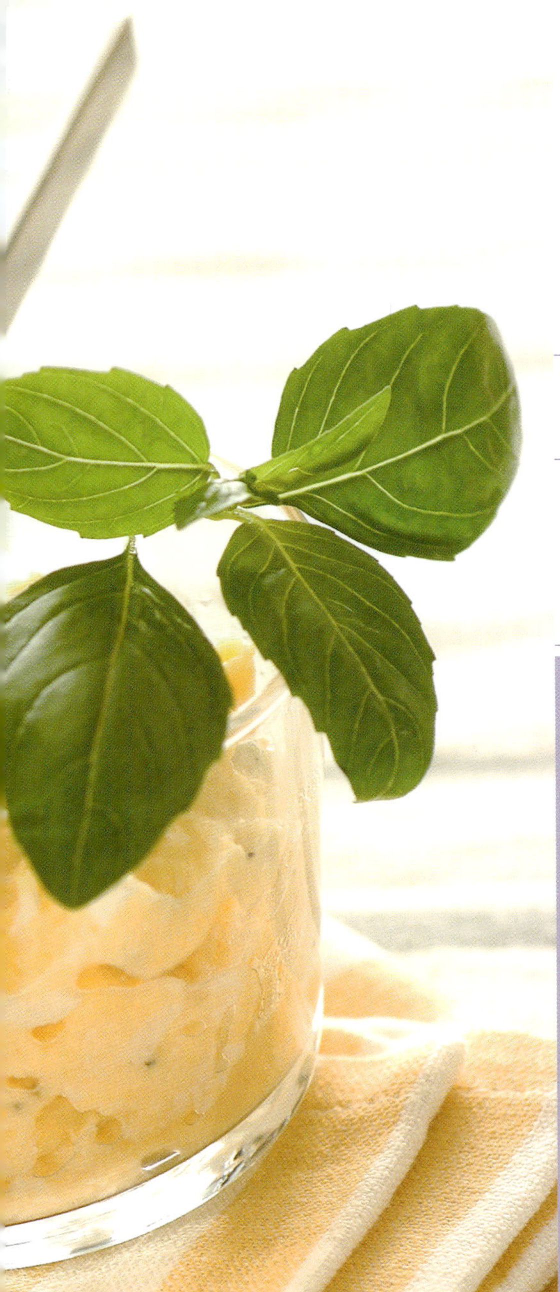

# TARTE AUX BROCOLIS ET AU SAUMON FUMÉ

| POUR 6 PERSONNES | PRÉPARATION 15 MINUTES | CUISSON 45 MINUTES | RÉFRIGÉRATION 10 MINUTES |
|---|---|---|---|

INGRÉDIENTS

Pâte feuilletée prête à l'emploi • 700 g de brocolis (frais ou surgelés) • 1 grosse poignée de haricots secs • 4 œufs • 200 ml de crème allégée à 8 ou 15 % de matière grasse • 100 ml de lait demi-écrémé • 150 g de saumon fumé • 1 branche d'aneth • Sel, poivre du moulin

**INFO SANTÉ**

LES TARTES SALÉES REMPLACENT UNE PART DE FÉCULENTS ET DE LÉGUMES OU DE VIANDE, SELON LA GARNITURE. CE SONT CEPENDANT DES PLATS ASSEZ GRAS DONT IL NE FAUT PAS ABUSER ET QU'IL EST CONSEILLÉ DE COMPLÉTER PAR UNE SALADE ET UN FRUIT.

**• DÉJEUNER AU BUREAU •**

Tarte aux brocolis et au saumon fumé
Salade d'endives, dés de cantal
Clémentines

Déroulez la pâte dans un moule à tarte en prenant soin de garder le papier sulfurisé. Mettez-la au frais 10 minutes.

Préchauffez le four à 180 °C (th. 6).
Ne gardez que les bouquets des brocolis. Faites-les cuire 8 minutes dans l'eau bouillante salée, ou à la vapeur.
Piquez le fond de tarte avec une fourchette, couvrez de haricots secs. Faites cuire « à blanc » 7 minutes.
Battez les œufs en omelette, ajoutez la crème et le lait. Salez, poivrez.
Sur le fond de tarte, déposez le saumon coupé en petits morceaux et le bouquet de brocolis. Versez le mélange. Émiettez l'aneth. Enfournez 20 à 30 minutes.
Servez chaud ou tiède.

# PIZZA AUX CHAMPIGNONS

| POUR 4 PERSONNES | PRÉPARATION | CUISSON | RÉFRIGÉRATION |
|---|---|---|---|
| | 20 MINUTES | 50 MINUTES | — |

Ingrédients

2 petites boîtes de tomates concassées • 1 cuillerée à soupe d'huile d'olive • 2 morceaux de sucre • 1 pincée d'origan • 500 g de champignons de Paris • 250 g de pâte à pizza prête à l'emploi • 125 g de mozzarella (1 boule) • Quelques olives noires • Sel, poivre du moulin

**INFO SANTÉ**

VITE FAITES ET TRÈS PRATIQUES POUR LES REPAS DÉCONTRACTÉS, LES PIZZAS ET TARTINES CHAUDES (PAIN AVEC TOMATE, FROMAGE, JAMBON, LE TOUT PASSÉ SOUS LE GRIL) PEUVENT REPRÉSENTER LA BASE D'UN REPAS, QUE L'ON COMPLÉTERA SIMPLEMENT DE CRUDITÉS ET D'UN DESSERT LÉGER.

**• DÎNER VACANCES •**

Éventail de melon et pastèque
Pizza aux champignons
Sorbet menthe-chocolat

Déposez les tomates dans une casserole. Faites cuire à découvert 20 minutes environ. Salez, poivrez. Ajoutez l'huile, le sucre et l'origan. Mélangez. Rectifiez l'assaisonnement.
Préchauffez le four à 180 °C (th. 6).
Lavez les champignons, émincez-les. Faites-les cuire à couvert 10 minutes dans une poêle avec 1/2 verre d'eau et du sel. Égouttez-les.
Étalez la pâte sur la plaque du four recouverte de papier sulfurisé. Recouvrez-la de tomates. Ajoutez les champignons et la mozzarella coupée en petits morceaux. Faites cuire 20 minutes environ, éparpillez les olives et servez immédiatement.

**BON À SAVOIR**

UTILISEZ DE LA PÂTE À PIZZA FRAÎCHE OU SURGELÉE OU ENCORE, COMMANDEZ-LA CHEZ VOTRE BOULANGER.

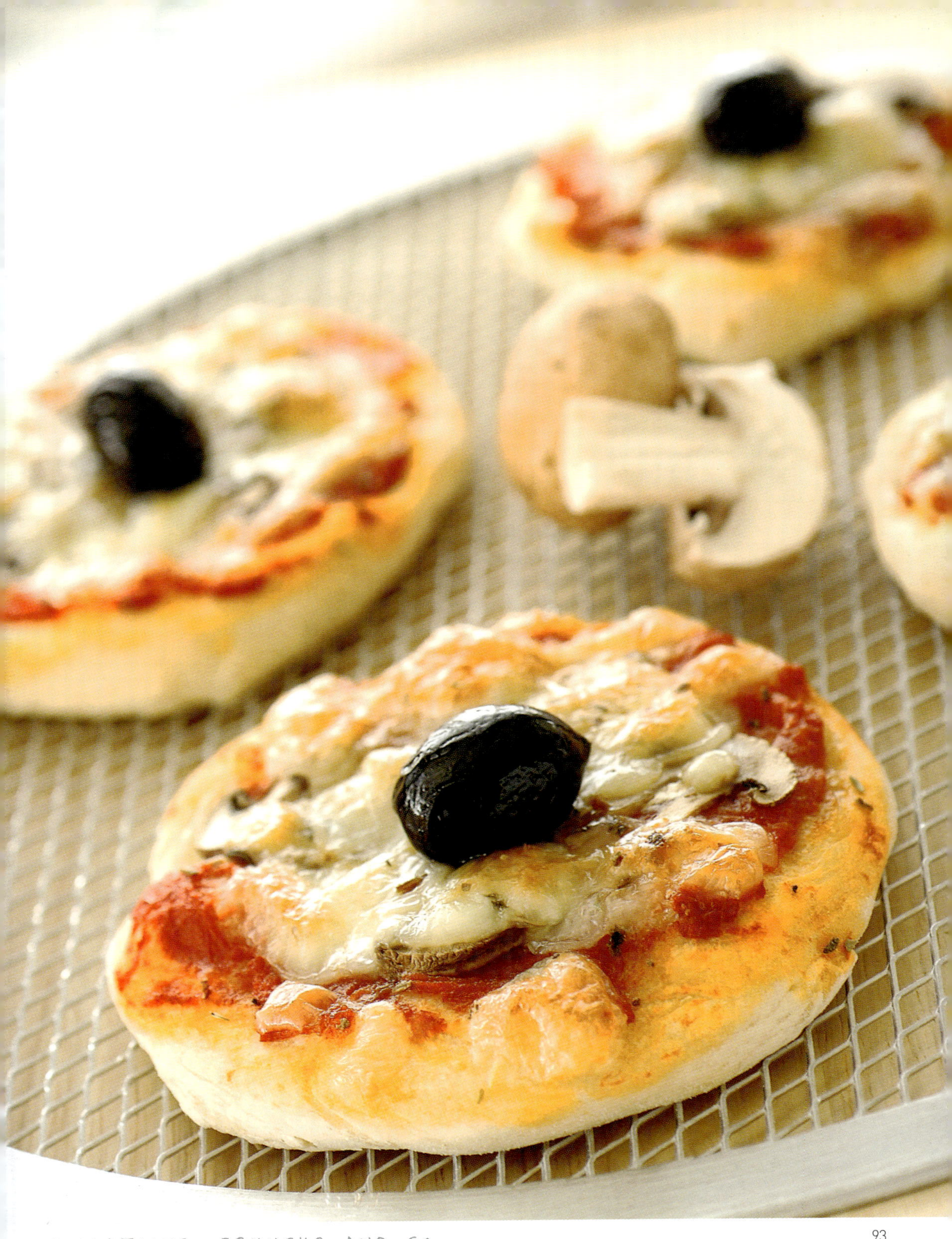

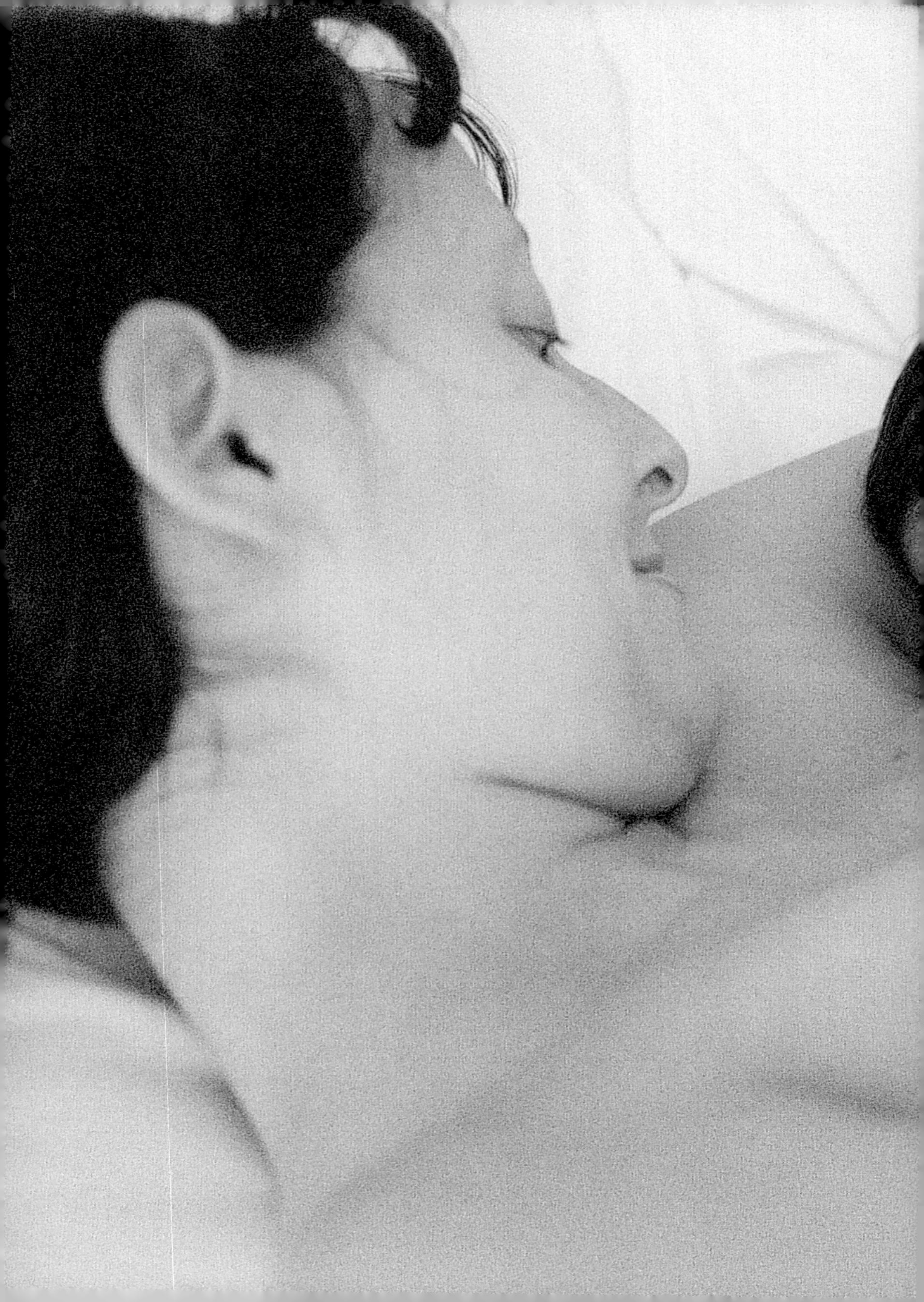

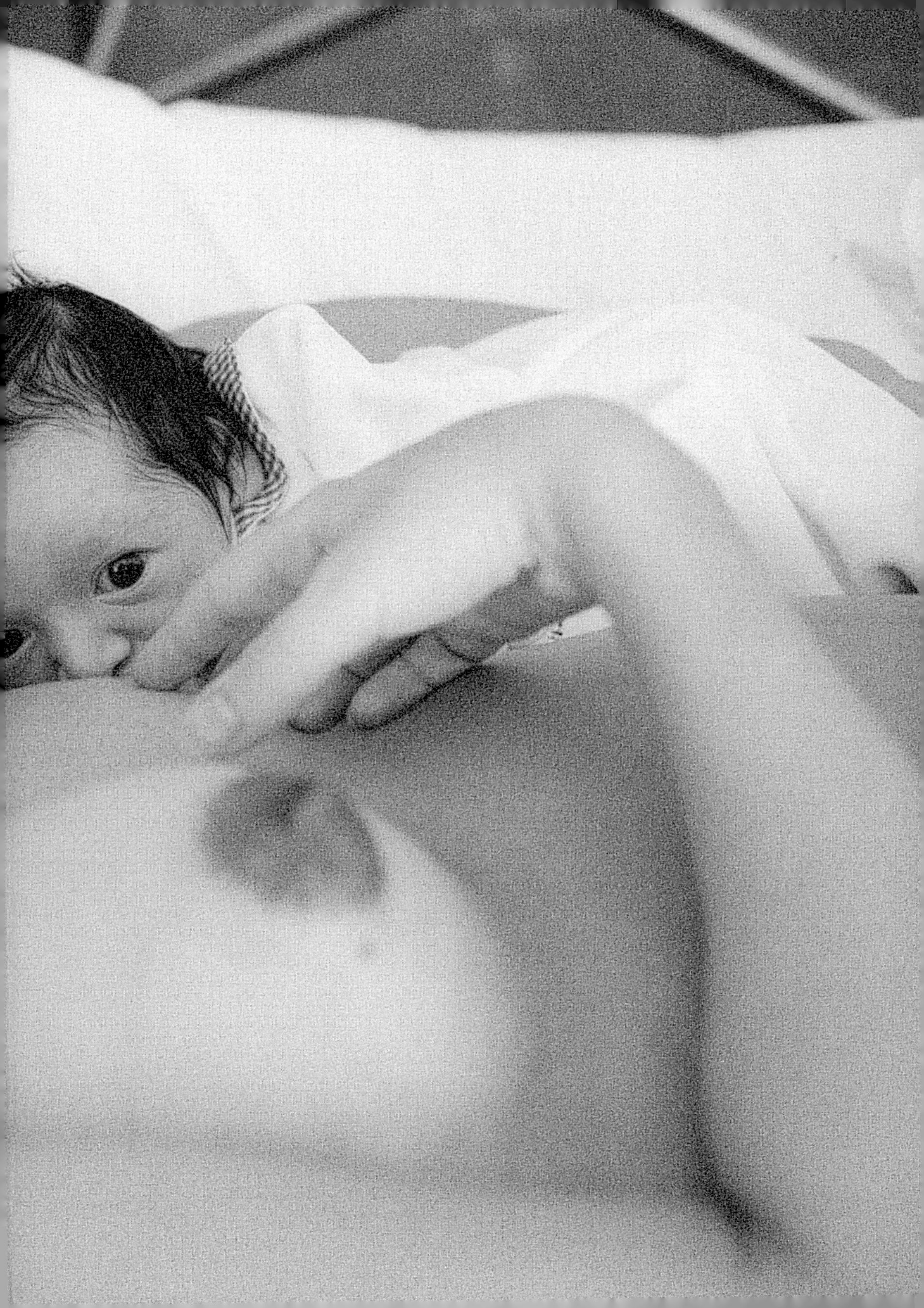

Merci à Noëlle et Thalia pour leur participation, à Olivier et Pénélope pour leur aide précieuse, à Hugo et Léa pour leur présence.

L'éditeur remercie Faïza Mebazaa
pour sa contribution artistique aux photographies.

DIRECTION ARTISTIQUE
Studio de création Flammarion

CRÉATION GRAPHIQUE
Varada/Christine Dufaut

MISE EN PAGES
Claude-Olivier Four


ISBN : 2-0820-1336-7
N° d'édition : FT1336-01
Dépôt légal : janvier 2005
www.editions.flammarion.com
Imprimé en France par Pollina, Luçon - N° L95543